개성만점 동물 똥 퀴즈?

지은이 · 이마이즈미 다다아키
옮긴이 · 김한나

시작하며

저는 벌써 50년이 넘도록 동물의 똥을 조사하고 있습니다. 사슴이나 원숭이 등은 온갖 풀과 나뭇잎을 많이 먹는 탓에 어떤 종류의 식물인지 밝혀내기가 매우 어려워요. 하지만 살쾡이나 담비, 수달과 같은 육식동물은 동물을 먹기 때문에 뼈와 깃털, 비늘 등이 들어 있어요. 그래서 어떤 동물을 잡아먹었는지 대부분 알 수 있지요. 똥을 물에 담근 뒤 필요 없는 부분을 흘려버리고 뼈와 깃털만 남겨서 표본을 만들어요. 오랫동안 계속하면 동물들이 계절에 따라 어떤 동물을 얼마나 잡아먹는지 알 수 있답니다.

이리오모테살쾡이의 경우에는 똥에서 곰쥐의 털, 흰뺨검둥오리나 흰눈썹뜸부기와 같은 물새 깃털을 일 년 내내 볼 수 있어요. 여름에는 뱀이나 도마뱀의 비늘, 게의 발톱이 잔뜩 나오기도 하고, 겨울에는 작은 새의 깃털이 많이 나왔습니다. 이 결과로 이리오모테 살쾡이는 주로 습지에서 사냥하며 생활한다는 사실을 알 수 있었죠. 똥이라고 하면 더럽게 느껴지겠지만 동물을 조사할 때는 매우 중요한 자료랍니다.

이 책에서는 다양한 동물의 똥에 대해서 설명합니다. 몸집이 커다란 동물인데 똥은 의외로 작다는 등 신기한 내용을 많이 소개해 놓았습니다. '왜 이런 똥을 쌀까?'라고 생각하며 동물원에서 동물을 관찰해보면 매우 즐거워질 거예요. 자, 이 책을 들고 동물원에 가 보세요.

이마이즈미 다다아키

차 례

1장 사바나와 초원에 사는 동물들 ⋯ 7

똥에대하여 똥은 왜 냄새가 나죠? ⋯ 8

- ♥ 사자 ⋯ 9
- ♥ 그물무늬기린 ⋯ 11
- ♥ 점박이하이에나 ⋯ 13
- ♥ 검은코뿔소 ⋯ 15
- ♥ 단봉낙타 ⋯ 17
- ♥ 애기웜뱃 ⋯ 19
- ♥ 타조 ⋯ 21
- ♥ 붉은캥거루 ⋯ 23
- ♥ 아프리카포큐파인 ⋯ 25
- ♥ 그레비얼룩말 ⋯ 27

2장 깊은 산속이나 숲에 사는 동물들 29

똥에 대하여 '동물은 왜 똥을 싸나요?' … 30

- 아시아코끼리 … 31
- 보르네오오랑우탄 … 33
- 말레이언 테이퍼 … 35
- 녹색이구아나 … 37
- 너구리판다 … 39
- 침팬지 … 41
- 오카피 … 43
- 코알라 … 45
- 수마트라호랑이 … 47
- 대왕판다 … 49
- 두발가락나무늘보 … 51
- 일본산토끼 … 53
- 일본너구리 … 55
- 일본원숭이 … 57
- 일본반달가슴곰 … 59
- 일본사슴 … 61
- 일본여우 … 63

3장 물가에 사는 동물들 65

똥에 대하여 정말로 똥을 보면 건강 상태를 알 수 있나요? … 66

- 북극곰 … 67
- 카피바라 … 69
- 향유고래 … 71
- 남아프리카물개 … 73
- 훔볼트펭귄 … 75
- 바지락 … 77
- 수달 … 79
- 은어 … 81
- 성게 … 83
- 청개구리 … 85
- 문어 … 87
- 하마 … 89
- 미국가재 … 91
- 붉은다리거북 … 93

4장 우리 주변에 살고 있는 동물들 95

똥에 대하여 좋은 똥을 싸려면 어떻게 해야 하나요? … 96

- 기니피그 … 97
- 공벌레 … 99
- 말 … 101
- 사랑앵무 … 103
- 달팽이 … 105
- 까마귀 … 107
- 장수풍뎅이 … 109
- 호랑나비(애벌레) … 111
- 지렁이 … 113
- 일본줄무늬뱀 … 115
- 사마귀 … 117
- 장수말벌 … 119
- 무당거미 … 121
- 집비둘기 … 123
- 소 … 125

똥에 대하여 똥 냄새를 비교해보자 … 127

※ 이 책에서는 주로 '사육하는 동물'의 똥을 예로 들었는데, 야생과 사육에 따라 동물 똥의 색 등이 달라질 수 있습니다. 이 점 이해 바랍니다.

 똥에 대하여

똥은 왜 냄새가 나죠?

동물의 뱃속에는 수많은 미생물이 살고 있어요. 이를테면 인간의 장에는 약 100조 개나 되는 미생물이 존재한다니 놀랍지 않나요?

장 속에 살고 있는 미생물 중에는 음식물의 소화를 돕는 유익균이라는 미생물이 있는데 그와 반대로 몸에 나쁜 성분을 만드는 유해균도 있답니다. 유해균은 단백질이라고 하는 영양소를 부패시켜서 '인돌'과 '스카톨'이라고 하는 악취 가스를 발생시켜요. 이 가스가 똥 냄새의 원인이 되는 거예요.

단백질은 육류에 많이 함유되어 있고 식물에는 그다지 함유되어 있지 않아요. 그래서 사자나 호랑이처럼 고기만 먹는 육식동물은 가스 양이 늘어나서 똥 냄새가 매우 심해지죠. 한편 코끼리나 소처럼 식물만 먹는 초식동물의 똥은 가스 양이 적어서 똥 냄새가 그다지 안 나요. 인간은 육류와 식물을 가리지 않고 다 먹는 잡식동물이기 때문에 똥 냄새의 강도는 육식동물과 초식동물의 중간 정도에요. 만약에 여러분이 냄새가 지독한 똥이 나오면 고기를 너무 많이 먹어서 그럴 수 있어요. 그러니까 편식하지 말고 꼭 채소도 듬뿍 먹도록 해요.

사자의 똥은 무엇일까요?

힌트 1
대형부터 소형까지 다양한 초식동물을 잡아먹는 육식파 입니다.

힌트 2
초식동물은 사자의 똥 냄새를 엄청 싫어해서 가까이 다가가지 않는다나 봐요.

다음 세 가지 중에서 골라보세요!

1 빨갛고 동그랗다

2 갈색 빛을 띠고 냄새가 강렬하다

3 까맣고 똬리를 틀고 있다

똥의 특징

사자의 똥 한 개의 길이는 약 15센티미터예요. 육식동물이라서 똥 냄새가 엄청 지독해요.

'백수의 왕'이라고 불리는 사자는 힘이 세서 인기도 많아요. 아프리카에 서식하는 사자는 기린 등 몸집이 큰 동물도 잡아먹습니다. 하지만 커다란 사냥감이 적은 인도에 서식하는 사자는 곤충이나 파충류도 자주 먹어요. 똥 냄새가 엄청 지독한데 초식동물은 이 냄새를 매우 싫어해요. 그래서 농작물을 망치는 동물을 쫓아버리려고 사자 똥을 논밭에 뿌리는 경우도 있답니다.

동물 데이터

이름
사자

서식지
인도, 아프리카

좋아하는 것
초식동물

그물무늬기린의 똥은 무엇일까요?

힌트 1
하루에 약 여덟 번 똥을 싸요. 한 번에 싸는 똥의 무게는 총 100~200그램이에요.

힌트 2
커다란 몸집을 보면 상상할 수도 없는 귀여운 크기의 똥인 듯해요.

다음 세 가지 중에서 골라보세요!

1 까맣고 밤톨처럼 동그랗다

2 녹색이며 가늘고 길다

3 기린의 무늬가 있다

정답은 ① 번입니다!

똥의 특징

기린은 지름 1~2센티미터의 작은 밤톨 같은 모양을 한 똥을 한가득 내보내요.

기린은 지상에서 키가 가장 큰 동물인데요, 그 일종인 그물무늬 기린도 엄청 키다리라서 다 성장한 수컷의 경우 키 5.8미터, 몸무게 1,900킬로그램이나 된답니다. 하지만 이렇게 몸집이 큰데도 똥 한 개의 크기는 지름 1~2센티미터라고 하니 신기하지 않나요? 커다란 몸집을 유지하기 위해서 하루에 18시간이나 식사하고 깊이 잠들어 봤자 고작 20분 정도 잔다고 하네요.

동물 데이터
- **이름**: 그물무늬기린
- **서식지**: 아프리카
- **좋아하는 것**: 나뭇잎, 꽃, 과일

점박이하이에나의 똥은 무엇일까요?

힌트 1
다른 육식동물이 먹다 남긴 것을 먹거나 자신들이 직접 사냥해요.

힌트 2
턱이 튼튼해서 뼈까지 으드득으드득 씹어 먹어요.

다음 세 가지 중에서 골라보세요!

1 갈색이고 질척질척하다

2 녹색이고 동글동글하다

3 흰 바나나 모양이다

흰색 똥의 정체는 씹어 먹은 뼈의 성분이며 크기는 5~6센티미터예요.

점박이하이에나는 아프리카 초원지대부터 반사막지대까지 넓은 지역에 분포해요. 대부분의 육식 포유류는 수컷의 몸집이 크지만 점박이하이에나는 암컷이 훨씬 크답니다. 다른 동물이 먹다 남긴 것을 먹는 이미지가 강한데 사실은 사냥 실력도 매우 뛰어나요. 얼룩말이나 대형 물소는 무리지어 습격해 잡아먹어요.

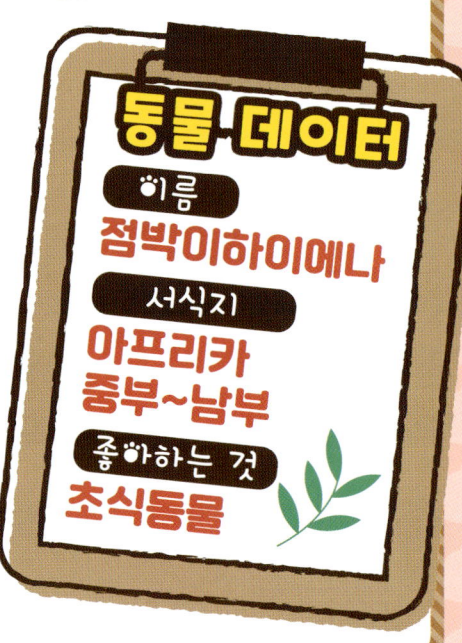

동물 데이터
- 이름: 점박이하이에나
- 서식지: 아프리카 중부~남부
- 좋아하는 것: 초식동물

검은코뿔소의 똥은 무엇일까요?

힌트 1
주로 나뭇잎이나 작은 나뭇가지 등을 먹어요. 하루에 30~40킬로그램이나 먹는답니다.

힌트 2
똥은 수분을 함유해서 무거워요. 한 개에 700~800그램이나 나가요.

다음 세 가지 중에서 골라보세요!

1 회색이며 뿔이 있다

2 줄줄 흐르는 액체 상태다

3 갈색이며 크고 동그랗다

정답은 ③ 번 입니다!

똥의 특징

검은코뿔소 똥의 지름은 약 20센티미터예요. 축구공만 한 크기의 똥을 싸지요.

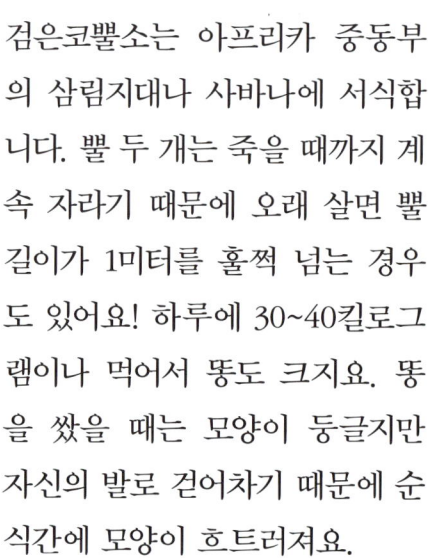

검은코뿔소는 아프리카 중동부의 삼림지대나 사바나에 서식합니다. 뿔 두 개는 죽을 때까지 계속 자라기 때문에 오래 살면 뿔 길이가 1미터를 훌쩍 넘는 경우도 있어요! 하루에 30~40킬로그램이나 먹어서 똥도 크지요. 똥을 쌌을 때는 모양이 둥글지만 자신의 발로 걷어차기 때문에 순식간에 모양이 흐트러져요.

동물 데이터

- **이름**: 검은코뿔소
- **서식지**: 아프리카 중동부
- **좋아하는 것**: 나뭇잎, 풀, 과일

단봉낙타의 똥은 무엇일까요?

힌트 1 몸속에 수분을 저장해 놓기 때문에 마른 똥을 쌀 때가 많아요.

힌트 2 하루에 열 번 이상, 한 번에 20개가 넘는 똥을 싸요.

다음 세 가지 중에서 골라보세요!

1 동글동글한 모양과 원통 모양이 있다

2 육봉처럼 세모나다

3 녹색이며 길쭉하다

똥의 특징

단봉낙타의 똥은 풀이 섞여 있고 크기는 5센티미터 정도입니다. 동글동글한 모양인데 의외로 딱딱해요.

단봉낙타는 한 번에 100리터가 넘는 물을 마실 수 있어서 뜨거운 사막지대에서도 장거리를 힘차게 이동할 수 있어요. 사막에는 먹을 것이 적은 탓에 가시가 있는 선인장도 아무렇지 않게 먹는답니다. 참고로 단봉낙타의 마른 똥은 불에 잘 타기 때문에 사막에서 불을 피울 때 귀중한 연료로 쓰일 때도 있다고 해요.

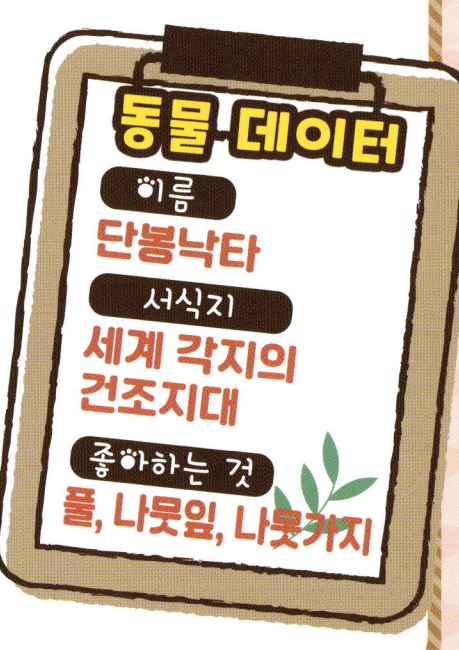

동물 데이터
- 이름: 단봉낙타
- 서식지: 세계 각지의 건조지대
- 좋아하는 것: 풀, 나뭇잎, 나뭇가지

애기웜뱃의 똥은 무엇일까요?

힌트 1
자신의 영역을 알리려고 바위 위 같은 곳에 똥을 싸요.

힌트 2
영역을 주장하려면 잘 굴러가지 않는 똥 모양이 좋겠죠?

다음 세 가지 중에서 골라보세요!

1 주사위처럼 네모나다

2 피라미드처럼 세모나다

3 완전히 동그랗다

똥의 특징

애기웜뱃의 네모난 똥은 지름이 3~4센티미터예요. 불안정한 장소에서도 잘 굴러가지 않지요.

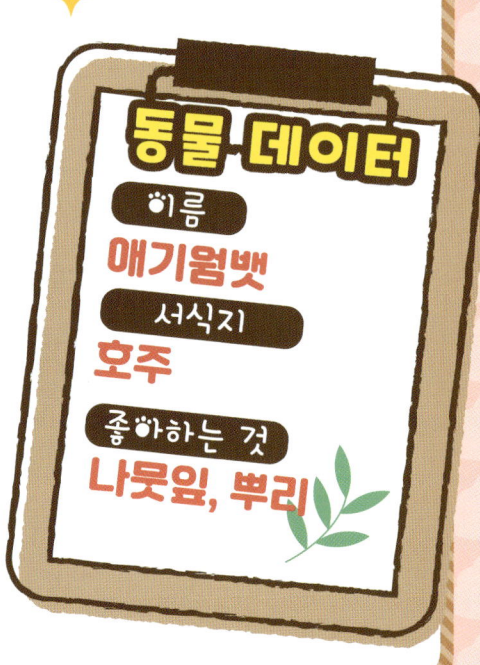

애기웜뱃은 호주 남동부와 태즈메이니아 섬 등지에서 굴을 파 생활합니다. 배에 달린 주머니에서 새끼를 키우는 유대류에 속하며 코알라와는 친척 같은 관계랍니다. 애기웜뱃의 똥이 네모난 이유는 아직 밝혀지지 않은 점이 많아요. 하지만 아무래도 장의 형태가 독특하기 때문이라고 추측하고 있습니다.

동물 데이터

이름
애기웜뱃

서식지
호주

좋아하는 것
나뭇잎, 뿌리

타조의 똥은 무엇일까요?

힌트 1
대부분의 새는 묽은 똥을 싸지만 타조는 아닌가 봐요.

힌트 2
풀이나 꽃 등을 자주 먹어서 조류라고 생각할 수 없을 정도로 똥 모양이 훌륭해요.

다음 세 가지 중에서 골라보세요!

1. 달걀처럼 둥글다
2. 거무스름한 녹색이며 굵고 길다
3. 아주 딱딱하며 세모나다

정답은 2번입니다!

똥의 특징

타조 똥의 색은 초식동물에게서 많이 볼 수 있는 녹색이에요. 크기는 15~20센티미터 정도이며 굵고 길어요.

타조는 아프리카 중부에서 남부에 걸친 건조 지대에서 무리를 지어 생활합니다. 이 세상에 현존하는 조류 중에서 몸집이 가장 크며 키는 250센티미터나 돼요. 몸집이 큰 탓에 하늘을 날지 못하지만 그 대신에 발이 빨라서 시속 60킬로미터로 달릴 수 있어요. 크고 색과 모양이 멋진 똥은 장이 길고 먹이를 잘 흡수하는 증거랍니다.

동물 데이터
- 이름: 타조
- 서식지: 아프리카 중부~남부
- 좋아하는 것: 풀, 꽃, 새싹, 씨앗

붉은캥거루의 똥은 무엇일까요?

힌트 1
건조한 기후에 강해서 오랫동안 물을 마시지 않아도 살 수 있어요.

힌트 2
온종일 똥을 싸기 때문에 그만큼 똥 한 개의 크기가 작은가 봐요.

다음 세 가지 중에서 골라보세요!

1 풀이 섞인 녹색이다

2 질척한 액체 상태다

3 거무스름하며 작고 동그랗다

똥의 특징

붉은캥거루는 지름 1.5 센티미터의 작은 똥을 하루에 수없이 많이 싸요.

호주의 초원지대에 서식하는 붉은캥거루는 배에 주머니가 달린 '유대류' 중에서 몸집이 가장 크며, 키가 2미터를 넘는 것도 있어요. 태어나서 한동안은 어미 캥거루의 주머니 속에서 자라고 똥도 주머니 속에 싸요. 그래서 어미 캥거루는 자신의 주머니에 얼굴을 집어넣어서 새끼 캥거루의 똥을 핥아 청소하지요.

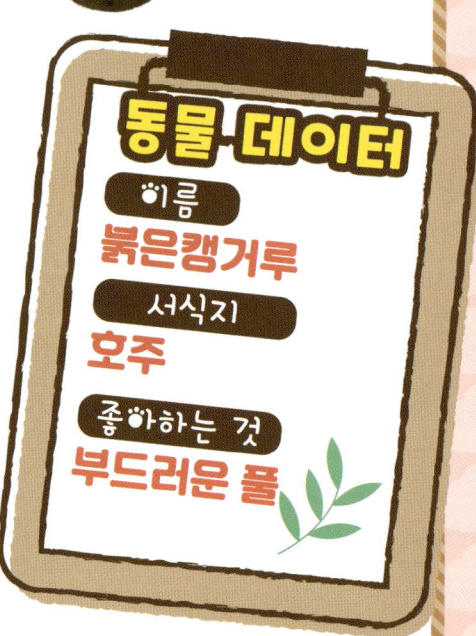

동물·데이터

이름
붉은캥거루

서식지
호주

좋아하는 것
부드러운 풀

아프리카포큐파인의 똥은 무엇일까요?

힌트 1
잡식동물이지만 나무뿌리나 나무껍질, 알뿌리 등을 즐겨 먹어요.

힌트 2
똥 한 개의 크기는 3센티미터 정도이며 꽤 딱딱해요.

다음 세 가지 중에서 골라보세요!

1 회색이며 완전히 동그랗다

2 까맣고 딱딱한 타원형이다

3 똥에도 가시가 있다

똥의 특징

아프리카포큐파인의 똥은 대부분이 타원형이에요. 검고 딱딱한 것이 특징이랍니다.

아프리카포큐파인은 아프리카 북부의 건조한 암석지대나 삼림지대 등에 서식합니다. 온몸을 뒤덮은 가시는 체모가 변화한 것이에요. 적이 다가왔을 때 가시를 곤두세워서 몸을 보호할 수 있어요. 턱이 튼튼해서 씹는 힘이 강하므로 뼈처럼 딱딱한 것도 아무렇지 않게 씹어 먹는답니다. 그 때문인지 똥도 매우 딱딱해요.

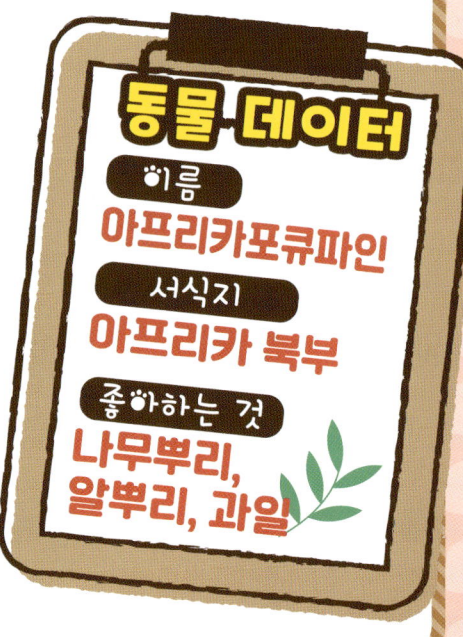

동물 데이터

이름: 아프리카포큐파인
서식지: 아프리카 북부
좋아하는 것: 나무뿌리, 알뿌리, 과일

그레비얼룩말의 똥은 무엇일까요?

힌트 1
나무뿌리나 나무껍질을 먹을 때도 있지만 파릇파릇한 풀을 가장 좋아해요.

힌트 2
7센티미터 정도의 똥을 한 번에 20~40개나 싸요.

다음 세 가지 중에서 골라보세요!

1 진한 녹색이며 원통 모양을 띤다

2 갈색이며 말발굽처럼 U자 모양이다

3 길쭉하고 줄무늬가 있다

정답은 ① 번 입니다!

똥의 특징

주로 풀을 즐겨 먹어서 똥의 색은 짙은 녹색을 띱니다. 다 소화하지 못한 섬유질도 섞여 있어요.

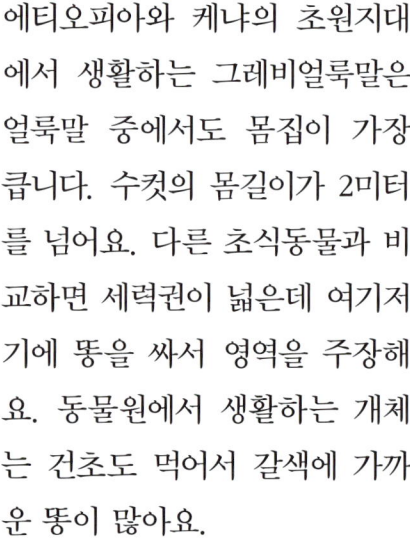

에티오피아와 케냐의 초원지대에서 생활하는 그레비얼룩말은 얼룩말 중에서도 몸집이 가장 큽니다. 수컷의 몸길이가 2미터를 넘어요. 다른 초식동물과 비교하면 세력권이 넓은데 여기저기에 똥을 싸서 영역을 주장해요. 동물원에서 생활하는 개체는 건초도 먹어서 갈색에 가까운 똥이 많아요.

동물 데이터

이름
그레비얼룩말

서식지
에티오피아, 케냐

좋아하는 것
풀

동물은 왜 똥을 싸나요?

날마다 싸는 똥은 냄새도 나고 지저분해서 이 세상에서 사라지면 좋을 텐데! 이렇게 생각하는 경우가 있을지도 몰라요. 하지만 똥을 싸는 행위는 매우 중요합니다.

원래 인간을 비롯한 동물이 살아가려면 영양소가 반드시 필요해요. 그 영양소는 채소와 육류 등의 음식물로 얻지만 먹은 것이 전부 영양분이 되는 것은 아니에요. 몸속에서 소화, 흡수되지 않은 음식물 찌꺼기는 몸에 불필요한 요소입니다. 이 음식물 찌꺼기가 몸속에 너무 많이 쌓이면 몸 상태가 안 좋아지거나 병에 걸리기도 해요. 그래서 음식물 찌꺼기를 몸 밖으로 내보내야 하죠. 이렇게 해서 몸 밖으로 나오는 것이 똥이랍니다. 참고로 똥은 음식물 찌꺼기뿐만 아니라 위와 창자 벽에서 벗겨진 오래된 세포나 장 속에 있는 미생물, 수분 등도 포함되어 있어요.

또한 자연계에서는 똥이 몸 밖으로 나온 후에도 유용하게 쓰입니다. 쇠똥구리처럼 다른 동물의 똥을 먹으며 살아가는 동물도 있고 미생물이 똥을 분해하면 식물에게 필요한 영양소도 된답니다.

아시아코끼리의 똥은 무엇일까요?

힌트 1
커다란 몸을 유지할 수 있도록 하루의 대부분을 먹으며 보내요.

힌트 2
먹는 양도 많아서 하루 100킬로그램이 넘는 풀을 먹어요.

다음 세 가지 중에서 골라보세요!

1 토끼처럼 작고 동그랗다

2 당연히 크고 둥글다

3 코끼리 코처럼 길쭉하고 까맣다

똥의 특징

아시아코끼리 똥의 무게는 약 1~1.5킬로그램입니다! 소화되지 않은 풀이 많이 남아 있어요.

인도와 네팔의 삼림지대에서 생활하는 아시아코끼리는 동물 중에서도 가장 많이 먹어요. 똥의 양도 동물계 최고라서 하루에 약 열 번이나 배변합니다. 게다가 한 번에 5~10개의 똥을 싸지요. 하루에 배출하는 똥의 양을 다 합하면 많을 때는 무려 100킬로가 넘어요! 소변의 양도 많아서 하루 40~50리터나 싼답니다.

동물 데이터

이름
아시아코끼리

서식지
인도, 네팔 등

좋아하는 것
풀, 과일

보르네오오랑우탄의 똥은 무엇일까요?

힌트 1
나뭇잎, 새싹, 나무껍질 등을 먹지만 가장 좋아하는 것은 과일이에요.

힌트 2
초식성이지만 매우 보기 드물게 개미를 먹을 때도 있어요.

다음 세 가지 중에서 골라보세요!

1. 둥글고 찐빵처럼 생겼다

2. 털이 한가득 있다

3. 포도처럼 알이 모여 있는 모양이다

똥의 특징

보르네오오랑우탄의 똥은 작은 찐빵 모양이며 크기도 커봤자 지름 5센티미터 정도에요.

인도네시아 보르네오섬의 정글에만 서식하는 보르네오오랑우탄. 긴 팔을 자유자재로 사용하여 하루의 대부분을 먹이가 풍부한 나무 위에서 생활합니다. 개체마다 똥의 단단한 정도나 색에 차이가 있는 모양이에요. 야생 보르네오오랑우탄 중에는 질척질척한 똥을 싸는 개체도 있다고 하네요.

동물 데이터
- 이름: 보르네오오랑우탄
- 서식지: 인도네시아
- 좋아하는 것: 망고스틴, 두리안

말레이언 테이퍼의 똥은 무엇일까요?

힌트 1
땅 위에 돋아난 풀이나 나뭇잎, 작은 나뭇가지 등을 먹는 초식동물이에요.

힌트 2
물가를 좋아해서 물속에 잠수해 수초도 먹어요.

다음 세 가지 중에서 골라보세요!

1 몸과 똑같아서 흰색과 검은색의 줄무늬가 있다

2 갈색이고 풀이 섞여 있다

3 하얗고 액체 상태다

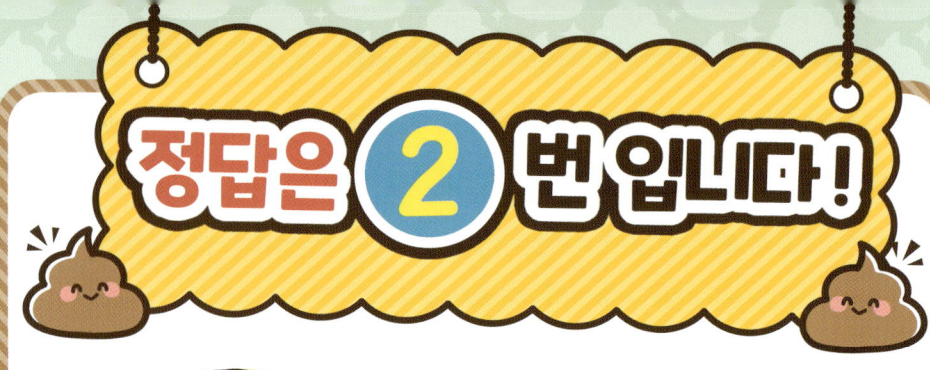

똥의 특징

말레이언 테이퍼의 똥은 색과 크기가 전부 인간의 똥과 비슷하지만 풀의 섬유질이 많아요.

테이퍼 중에서도 몸집이 가장 커서 몸길이 2미터 이상, 몸무게 500킬로그램을 넘는 개체도 있어요. 흰색과 검은색으로 이루어진 몸의 색이 특징적이지만 똥은 인간과 매우 비슷한 갈색입니다. 하지만 초식동물이라서 풀을 즐겨 먹기 때문에 풀의 섬유질이 똥에 많이 섞여 있어요. 헤엄치기를 매우 좋아해서 똥도 물속에서 싸는 경우가 많답니다.

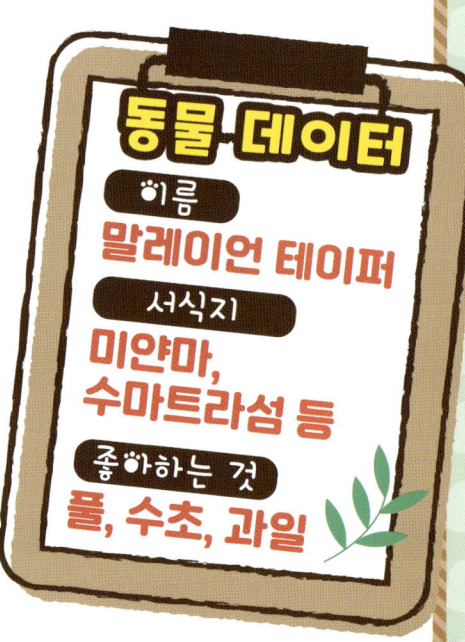

동물 데이터
- 이름: 말레이언 테이퍼
- 서식지: 미얀마, 수마트라섬 등
- 좋아하는 것: 풀, 수초, 과일

녹색이구아나의 똥은 무엇일까요?

힌트 1
어릴 때는 곤충도 먹지만 성체가 되면 완전한 초식성이 됩니다.

힌트 2
똥과 소변, 알도 다 똑같은 곳에서 나온다고 해요.

다음 세 가지 중에서 골라보세요!

1 길쭉하며 소변과 함께 나온다

2 녹색이며 쌀알처럼 작다

3 소변만 싼다

똥의 특징

녹색이구아나는 녹색을 띤 검은색 똥과 소변과 흰색 요산을 함께 배출합니다!

중남미의 열대우림, 물가에 가까운 나무 위에서 생활하는 녹색이구아나. 똥을 쌀 때는 소변 외에도 하얀 크림처럼 생긴 덩어리가 함께 나와요. 이 덩어리는 소변으로 생긴 요산이라는 물질입니다. 체내의 수분을 최대한 밖으로 배출하지 않도록 소변을 굳혀서 요산으로 만든 뒤에 내보내는 듯해요.

동물 데이터

이름
녹색이구아나

서식지
브라질, 페루 등

좋아하는 것
나뭇잎, 줄기, 과일 등

너구리판다의 똥은 무엇일까요?

힌트 1
초식동물이라서 죽순이나 부드러운 잎 등을 먹지만 가장 좋아하는 것은 대나무예요.

힌트 2
너구리판다의 똥은 대체로 냄새가 나지 않아요.

다음 세 가지 중에서 골라보세요!

1. 꼬리와 똑같은 모양으로 길쭉하다

2. 녹색이며 럭비공 처럼 생겼다

3. 까맣고 작다

똥의 특징

너구리판다가 주식인 대나무를 먹었을 때의 똥은 대나무의 섬유질이 많이 섞인 녹색을 띱니다!

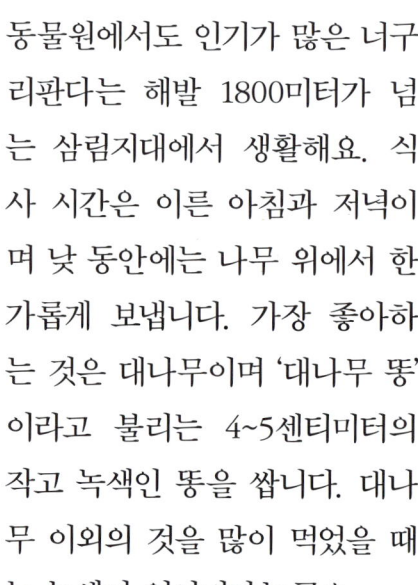

동물원에서도 인기가 많은 너구리판다는 해발 1800미터가 넘는 삼림지대에서 생활해요. 식사 시간은 이른 아침과 저녁이며 낮 동안에는 나무 위에서 한가롭게 보냅니다. 가장 좋아하는 것은 대나무이며 '대나무 똥'이라고 불리는 4~5센티미터의 작고 녹색인 똥을 쌉니다. 대나무 이외의 것을 많이 먹었을 때는 녹색이 옅어진다는군요.

동물 데이터
이름
너구리판다
서식지
중국, 미얀마
좋아하는 것
대나무, 죽순

침팬지의 똥은 무엇일까요?

힌트 1
식물부터 동물까지 수백 종류를 먹는 잡식동물이에요.

힌트 2
인간에 가장 가까운 동물이라고 하니까 똥도 인간과 비슷할지 몰라요!

다음 세 가지 중에서 골라보세요!

1. 바나나처럼 노랗고 길쭉하다

2. 갈색이며 길쭉하다

3. 손바닥 같은 장갑 모양을 띤다

정답은 2번입니다!

똥의 특징

침팬지의 똥은 색이나 단단한 정도도 전부 인간의 똥과 비슷해요. 길이는 20~30센티미터 정도입니다.

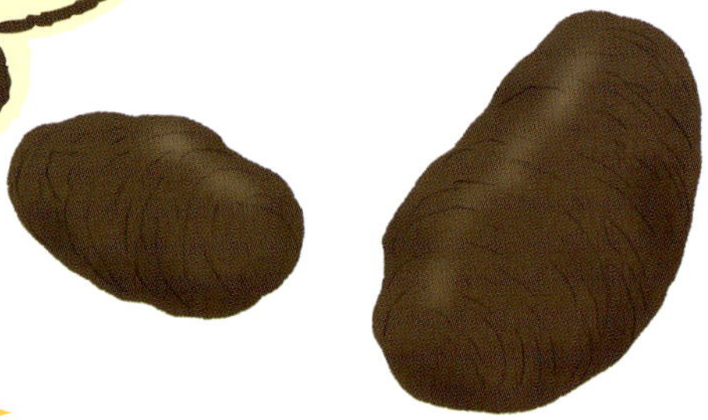

침팬지는 적도 주변, 열대우림이나 사바나 등에서 무리를 지어 생활합니다. 인간과 똑같은 잡식성이라서 똥도 인간과 비슷한 것이 특징이에요. 참고로 침팬지는 놀라거나 흥분하면 묽은 똥을 쌀 때가 있어요. 개체에 따라서는 이 똥을 상대방에게 던져서 공격하는 경우도 있습니다.

동물 데이터
- 이름: 침팬지
- 서식지: 아프리카
- 좋아하는 것: 꽃, 과일, 씨앗 등

오카피의 똥은 무엇일까요?

힌트 1
주식은 나뭇잎과 새싹, 과일 등이에요. 긴 혀를 쭉 내밀어서 먹어요.

힌트 2
하루의 배변 횟수는 약 다섯 번입니다. 한 번에 총 1킬로그램 분량의 똥을 싸요.

다음 세 가지 중에서 골라보세요!

1 비비탄처럼 생겼고 양이 많다

2 질척한 액체 상태다

3 엉덩이 무늬와 똑같은 줄무늬가 있다

정답은 1번입니다!

똥의 특징

오카피는 지름 1~2센티미터 정도의 작고 동그란 똥을 잔뜩 싸요.

엉덩이에 줄무늬가 있는 오카피는 얼룩말과 같은 과의 동물처럼 보여요. 하지만 사실은 기린과에 속한답니다. 긴 혀를 사용해서 먹이를 먹는 모습은 기린과 똑같아요. 똥의 모양도 기린과 많이 닮아서 작고 동글동글하죠. 화장실로 쓰는 장소를 고집해서 정해진 장소에서 똥을 싸는 습성이 있어요.

동물 데이터
- **이름**: 오카피
- **서식지**: 콩고민주공화국
- **좋아하는 것**: 나뭇잎, 새싹, 과일

코알라의 똥은 무엇일까요?

힌트 1
주로 유칼립투스 잎을 먹으며 다른 잎을 먹는 경우는 보기 드물어요.

힌트 2
유칼립투스 잎에서 수분을 얻습니다. 그래서 물을 직접 마시는 일이 거의 없어요.

다음 세 가지 중에서 골라보세요!

1 조금 가느다란 알갱이 모양이며 유칼립투스 향기가 난다

2 바나나 모양이며 코알라 냄새가 난다

3 액체 상태이며 지독한 냄새가 난다

정답은 1번 입니다!

똥의 특징

유칼립투스는 잘 소화되지 않아요. 그래서 코알라의 똥에서도 유칼립투스 향기가 나요.

코알라는 호주의 삼림지대에서 생활합니다. 주식인 유칼립투스 잎은 딱딱하지만 코알라는 길이가 2미터나 되는 특별한 맹장이 있어서 소화할 수 있어요. 참고로 새끼 코알라는 어미의 똥을 먹어요. 유칼립투스 잎을 잘 소화할 수 있게 준비하기 위해서 똥에 함유된 세균을 몸속에 흡수하는 것이랍니다.

동물 데이터

이름
코알라

서식지
호주

좋아하는 것
유칼립투스 잎

수마트라호랑이의 똥은 무엇일까요?

힌트 1
소나 멧돼지 등의 대형 초식동물도 꿀꺽 잡아먹어요!

힌트 2
하루에 약 한 번, 무게 300~800그램 정도의 똥을 싸요

다음 세 가지 중에서 골라보세요!

1 거무스름하고 원통 모양을 띤다

2 몸과 똑같은 호랑이 무늬를 띤다

3 샛노랗고 길쭉하다

정답은 ① 번 입니다!

똥의 특징

수마트라호랑이가 먹은 것에 따라 차이는 있지만 거무스름하고 딱딱한 똥을 싸는 경우가 많아요.

수마트라호랑이는 이름 그대로 인도네시아의 수마트라섬에만 서식합니다. 몸높이 80센티미터, 몸무게 약 100킬로그램이며 호랑이 중에서는 몸이 가장 작아요. 하지만 날카로운 송곳니와 발톱을 사용해서 자신보다 몸집이 큰 사냥감도 잡아먹는답니다. 똥에는 소화되지 않은 체모나 깃털이 섞여 있어서 무엇을 잡아먹었는지 쉽게 알 수 있다고 해요.

동물 데이터

- **이름**: 수마트라호랑이
- **서식지**: 수마트라섬
- **좋아하는 것**: 초식동물

대왕판다의 똥은 무엇일까요?

힌트 1
동물원에서는 사과나 당근도 먹지만 주식은 대나무예요.

힌트 2
장이 짧은 탓에 먹은 것이 소화되지 않고 똥에 섞여 있어요.

다음 세 가지 중에서 골라보세요!

1 인간과 똑같아서 갈색이며 길쭉하다

2 섬유질이며 원통 모양을 띤다

3 몸과 똑같이 흰색과 검은색이 섞여 있으며 동그랗다

정답은 2 번 입니다!

똥의 특징

대왕판다의 똥은 15센티미터 정도의 원통 모양이에요. 대나무를 많이 먹었을 때는 대나무 향이 납니다.

동물원에서 인기가 많은 대왕판다는 야생의 경우 중국 남서부의 한정된 지역에만 서식해요. 주로 대나무를 먹는데 영양분이 적어서 하루에 50~60킬로그램이나 되는 많은 양의 대나무를 먹어요. 장이 짧은 탓에 먹은 것이 대부분 소화되지 않아요. 그래서 사과를 먹었을 때는 옅은 빨간색 똥을 쌉니다.

동물 데이터

- 이름: 대왕판다
- 서식지: 중국
- 좋아하는 것: 대나무

두발가락나무늘보의 똥은 무엇일까요?

힌트 1
먹는 양이 엄청 적어서 야생 개체는 하루에 15그램밖에 안 먹어요.

힌트 2
적게 먹는 탓에 배변 횟수도 적어요. 일주일에 한 번만 똥을 싸요.

다음 세 가지 중에서 골라보세요!

1 까맣고 작은 돌처럼 생겼다

2 긴 바나나처럼 생겼다

3 반짝반짝 유리 구슬처럼 생겼다

똥의 특징

두발가락나무늘보는 화장실에 갈 때만 나무에서 내려와 작은 돌처럼 생긴 똥을 싸요.

열대우림지대에 서식하는 두발가락나무늘보는 거의 평생을 나무에 매달려 지냅니다. 새끼를 낳을 때도 나무 위에서 해결한다고 하니 놀랍죠? 최대한 움직이지 않아도 상관없도록 진화한 동물이에요. 식사량도 야생 개체는 하루에 15그램 정도입니다. 똥을 쌀 때만 나무에서 내려와요. 그런데 먹는 양이 적어서 일주일에 한 번 정도만 똥을 쌉니다.

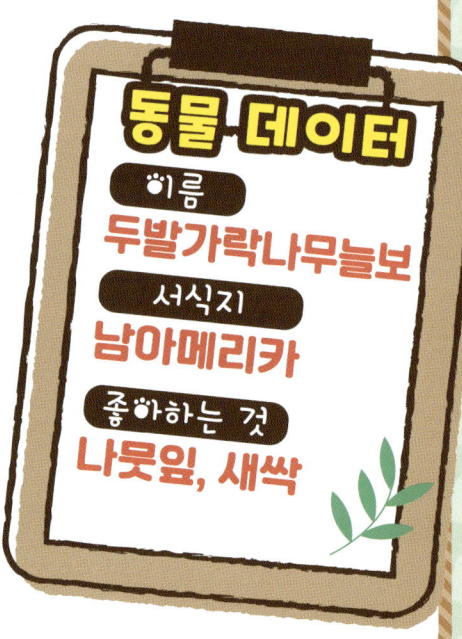

동물 데이터
- 이름: 두발가락나무늘보
- 서식지: 남아메리카
- 좋아하는 것: 나뭇잎, 새싹

일본산토끼의 똥은 무엇일까요?

힌트 1
당근을 좋아하는 이미지가 있지만 모든 식물을 먹어요.

힌트 2
먹이가 적은 겨울에는 나무의 속껍질을 갉아먹어요.

다음 세 가지 중에서 골라보세요!

1 새까맣고 길쭉하다

2 동글동글해요

3 하얗고 토끼 얼굴 모양을 띤다

똥의 특징

일본산토끼는 지름 1센티미터 정도의 작은 똥을 한 번에 5~20개 정도 싸요.

일본산토끼는 눈이 많이 내리는 일본 도호쿠 지방과 동해 쪽 등에서 생활합니다. 동글동글한 똥에는 식물의 섬유질이 포함되어 있어요. 색은 황토색이나 검은색을 띠는데 먹는 종류에 따라 달라져요. 그 밖에도 일본산토끼는 맹장변(식변)이라고 불리는 특별한 똥을 쌉니다. 맹장변은 영양분이 듬뿍 함유되어 있어서 그 똥을 토끼가 먹는다고 하네요!

동물 데이터
이름
일본산토끼
서식지
일본(도호쿠~주고쿠 지방)
좋아하는 것
나무 새싹, 잎, 풀

일본너구리의 똥은 무엇일까요?

힌트 1
좋아하거나 싫어하는 게 딱히 없는 잡식동물이에요. 그래서 뭐든지 맛있게 먹는답니다.

힌트 2
여름철의 똥에는 곤충이 날아와서 즉시 분해된다고 해요.

다음 세 가지 중에서 골라보세요!

1 녹색이고 동글동글하다

2 까맣고 길쭉하며 딱딱하다

3 갈색이고 원뿔 모양을 띤다

정답은 3번입니다!

똥의 특징

먹은 것이 거의 소화되어 일본너구리의 똥 속에는 형태가 전혀 남아있지 않을 때가 많아요.

일본너구리는 평지에서 산속까지 폭넓은 장소에 분포합니다. 뭐든지 잘 먹는 먹보라서 음식물 쓰레기를 찾아 헤매다 주택가에 나타나는 경우도 있어요. 무리 전체가 한 곳에 똥을 싸는 습성이 있습니다. 그 똥에서 근처에 어떤 너구리가 살고 있는지 정보를 교환한다고 해요.

동물 데이터
- 이름: 일본너구리
- 서식지: 일본(혼슈, 시코쿠, 규슈)
- 좋아하는 것: 뭐든지 먹는다

일본원숭이의 똥은 무엇일까요?

힌트 1
곤충이나 생선 등도 먹지만 좋아하는 것은 과일과 버섯이에요.

힌트 2
식물과 동물도 다 먹는 잡식성이에요. 이 특징은 인간과 똑같아요.

다음 세 가지 중에서 골라보세요!

1 원숭이 엉덩이처럼 빨갛고 동그랗다

2 갈색이고 길쭉하다

3 회색이고 동글동글하다

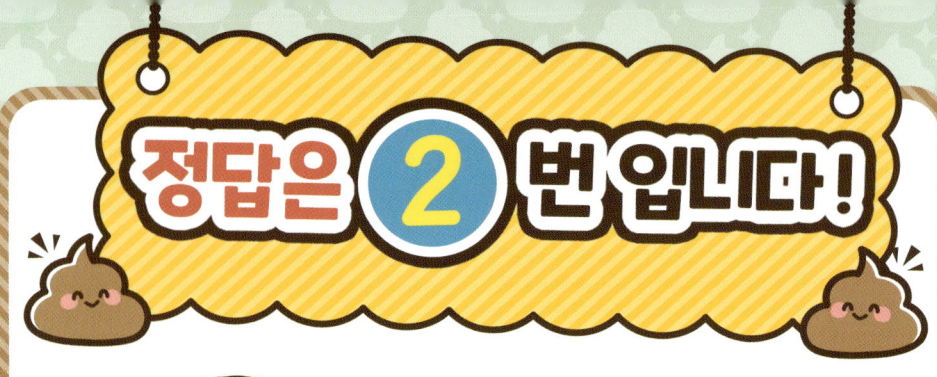

정답은 2번입니다!

똥의 특징

색과 단단한 정도는 인간의 똥과 비슷해요. 하지만 크기는 커봤자 7센티미터 정도랍니다.

일본원숭이는 원숭이 종류 중에서도 가장 북쪽에 서식하며 산이나 숲에서도 활동합니다. 똥의 색과 냄새는 먹이와 깊이 관련되어 있어서 똑같은 잡식동물인 인간의 똥 냄새에 가깝다고 해요. 덧붙이자면 얼굴과 엉덩이가 빨간 원숭이는 일본원숭이뿐이에요. 그 이유는 피부가 얇아서 모세혈관이 비쳐 보이기 때문이랍니다.

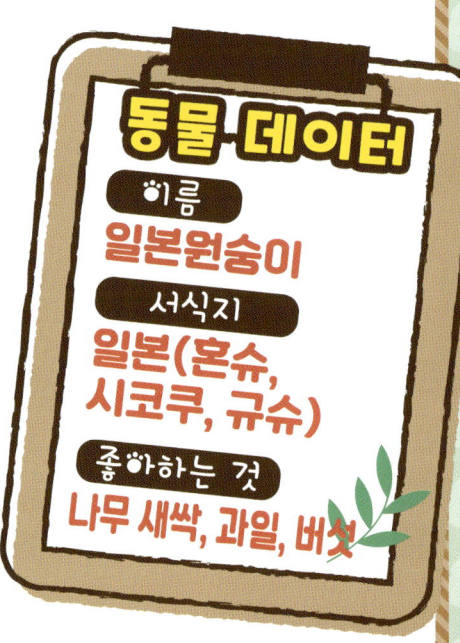

동물 데이터
이름
일본원숭이
서식지
일본(혼슈, 시코쿠, 규슈)
좋아하는 것
나무 새싹, 과일, 버섯

일본반달가슴곰의 똥은 무엇일까요?

힌트 1
식물을 중심으로 먹지만 잡식성이라서 생선이나 곤충 등도 먹어요.

힌트 2
몸집이 8~10세의 어린이와 같아서 똥 모양도 인간과 비슷할지 몰라요.

다음 세 가지 중에서 골라보세요!

1 갈색이고 고구마처럼 생겼다

2 녹색이며 길쭉하다

3 까맣고 똬리를 틀고 있다

똥의 특징

일본반달가슴곰의 똥은 길어봤자 15센티미터 정도입니다. 고구마 모양을 띠는 경우가 많아요.

일본반달가슴곰은 동아시아에 서식하는 곰 중에서도 가장 몸집이 작으며 몸길이는 110~140센티미터 정도입니다. 몸놀림이 가벼워서 나무 타기를 잘해요. 곰은 너도밤나무 열매 등을 먹기 위해서 나무를 타고 올라가 가지를 끌어당겨 먹어요. 다 먹고 나면 엉덩이 밑에 나뭇가지를 깔고 앉기 때문에 나무 위에 선반 같은 받침이 생겨요. 이것을 곰 선반이라고 해요.

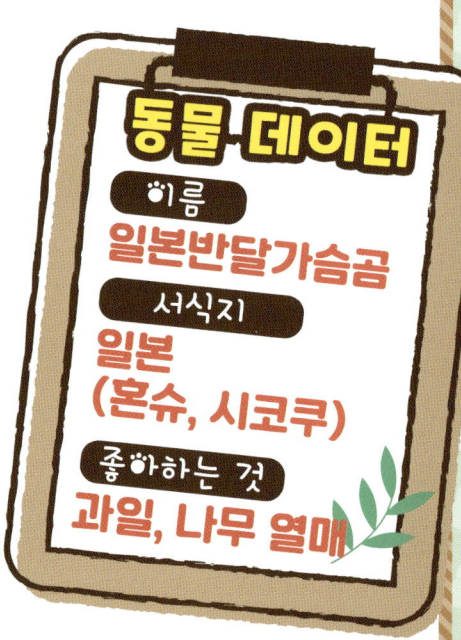

동물 데이터

이름
일본반달가슴곰

서식지
일본
(혼슈, 시코쿠)

좋아하는 것
과일, 나무 열매

일본사슴의 똥은 무엇일까요?

힌트 1
풀이나 나뭇잎, 도토리와 같은 나무 열매를 즐겨 먹어요.

힌트 2
육식동물로부터 몸을 보호하기 위해서 똥을 싸는 도중에도 즉시 도망칠 수 있어요.

다음 세 가지 중에서 골라보세요!

1 풀처럼 녹색이고 동그랗다

2 갈색이며 길쭉하다

3 작고 까만 원통 모양을 띤다

똥의 특징

일본사슴이 막 싼 똥은 검은콩처럼 윤기가 나며 반짝반짝 빛나요.

일본사슴은 일본 혼슈에 널리 분포되어 있어요. 지름 1~2센티미터의 작고 까만 똥을 한 번에 30~60개나 싼답니다. 일본사슴만 이런 똥을 싸는 것은 아니에요. 초식동물은 대체로 크고 작은 동그란 똥을 싸요. 풀과 나뭇잎에 섬유질이 많이 들어있기 때문이지요. 먹이가 바로 그 원인이랍니다.

동물 데이터
- 이름: 일본사슴
- 서식지: 일본(혼슈)
- 좋아하는 것: 풀, 과일, 나무 열매

일본여우의 똥은 무엇일까요?

힌트 1
쥐나 토끼와 같은 작은 동물, 곤충, 과일 등 뭐든지 다 먹어요.

힌트 2
소화되지 않은 작은 동물의 털이나 뼈가 섞여 있을 때도 있어요.

다음 세 가지 중에서 골라보세요!

1. 몸의 색과 똑같아서 노랗고 길쭉하다
2. 녹색이며 여우 얼굴 모양을 띤다
3. 갈색이며 털이나 뼈가 섞여 있다?

똥의 특징

일본여우의 똥은 끝이 뾰족한 고구마 모양처럼 생겼어요. 먹는 것에 따라 색이 달라진답니다.

일본 혼슈부터 규슈까지 넓은 지역에서 생활하는 일본여우는 홋카이도에 서식하는 북방여우보다 몸이 더 작아요. 일본너구리와 비슷해서 뭐든지 잘 먹는 잡식성입니다. 하지만 야생 개체는 작은 동물을 먹을 때가 많아서 갈색 똥이 많지요. 똥과 함께 배출되는 소변은 코를 찌르는 독특한 냄새가 나는 것 같아요.

동물 데이터

이름
일본여우

서식지
일본(혼슈, 시코쿠, 규슈)

좋아하는 것
작은 동물

똥에 대하여

정말로 똥을 보면 건강 상태를 알 수 있나요?

동물은 건강 상태에 따라 위의 기능이 달라집니다. 병이나 스트레스 등으로 몸 상태가 나빠지면 위의 기능이 저하되어 평소와는 다른 색과 모양의 똥이 나올 때가 있어요.

예를 들면 건강한 사람의 똥은 갈색이고 바나나 모양을 띠는 경우가 많습니다. 하지만 감기에 걸리면 질척질척하고 노란빛을 띤 설사를 하지요. 또 채소를 먹는 양이 적으면 변비에 걸려 딱딱하고 거무스름한 똥이 나와요. 그 밖에도 스트레스가 쌓이면 가늘고 긴 똥이 나오기도 하지요. 이렇듯 똥을 보면 건강 상태를 알 수 있어요.

그래서 동물원에서는 사육사가 날마다 동물들이 싸는 똥의 색과 모양, 크기 등을 주의 깊게 관찰해 건강 상태를 확인한답니다. 참고로 동물마다 건강할 때의 똥 상태가 달라요. 포큐파인(호저)은 똥이 까맣고 딱딱해도 건강한 것이랍니다. 대왕판다는 먹은 것에 따라 색이 조금 달라지기 때문에 평소와 색이 다르다고 해서 건강하지 않다고 할 수는 없어요. 앞으로는 여러분도 자신의 똥을 화장실에서 물에 흘려보내기 전에 찬찬히 들여다보고 평소와는 다른 똥이 나오지 않았는지 확인해 보면 어떨까요?

북극곰의 똥은 무엇일까요?

힌트 1
육식성이 강해서 바다표범이나 생선, 새나 새알을 매우 좋아한대요.

힌트 2
하루에 서너 번, 한 번에 길이 15센티미터 정도의 똥을 3~4개씩 싸요.

다음 세 가지 중에서 골라보세요!

1. 하얗고 똬리를 틀고 있다

2. 크고 타원형이다

3. 갈색을 띠며 막대기 모양이다

정답은 ③번 입니다!

똥의 특징

북극곰의 똥은 먹은 것에 따라 모양이 달라지지만 갈색을 띤 막대기 모양이 많아요.

이름 그대로 북극에서 생활하는 북극곰은 추위에 견딜 수 있도록 따뜻한 털가죽과 두꺼운 지방층을 갖고 있어요. 주로 바다표범과 해마를 즐겨 먹습니다. 빙판 위를 이동하며 냄새를 더듬어 날카로운 발톱과 어금니로 먹잇감을 붙잡아요. 동물원에서는 당근이나 사과도 먹지만 소화되지 않아서 똥에 섞여 나올 때도 많다고 하네요.

동물 데이터
- **이름**: 북극곰
- **서식지**: 북극권
- **좋아하는 것**: 바다표범, 생선

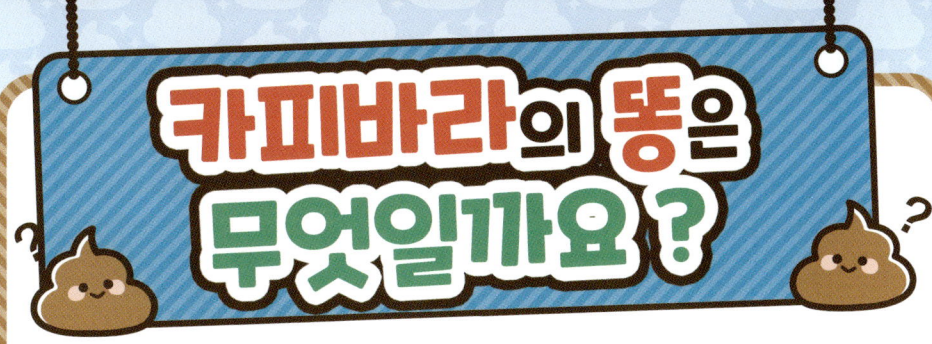

카피바라의 똥은 무엇일까요?

힌트 1
수초를 잘 먹지만 소화가 잘 되어서 똥에는 섞여 나오지 않아요.

힌트 2
물속에서 똥을 싸기 때문에 물에 잘 흘러가는 형태일 수도 있어요.

다음 세 가지 중에서 골라보세요!

1 갈색이고 타원형이다

2 새까맣고 원뿔 모양을 띤다

3 녹색이며 사각형이다

정답은 1번 입니다!

똥의 특징

카피바라의 똥은 타원형을 띱니다. 건강한 상태일 때는 갈색의 딱딱한 똥을 싸요.

아마존강 유역을 중심으로 물가 근처에서 생활하는 카피바라는 세계에서 가장 큰 쥐에 속합니다. 몸집이 큰 개체는 몸길이 130센티미터, 몸무게 60킬로그램이 넘어요. 기온이 높은 낮 동안에는 물속에 있을 때가 많아요. 출산이나 배변도 물속에서 해결하지요. 적에게 들키지 않도록 냄새를 숨기려고 물속에서 똥을 싸는 것이래요.

동물 데이터
- 이름: 카피바라
- 서식지: 남아메리카 동부
- 좋아하는 것: 풀, 나뭇잎, 과일

향유고래의 똥은 무엇일까요?

힌트 1
바닷속에서 똥을 싸지만 즉시 바닷물에 녹아버려요.

힌트 2
똥을 싸면 연막처럼 나와서 바닷물이 갈색으로 변합니다.

다음 세 가지 중에서 골라보세요!

1 갈색의 액체 상태다

2 돌처럼 울퉁불퉁한 덩어리

3 야구공만 하며 동그랗다

똥의 특징

향유고래의 똥은 줄줄 흐르는 액체 상태이므로 바닷속에서 연기처럼 즉시 녹아버려요.

향유고래는 세계 각지의 바다에 분포되어 있습니다. 깊은 바다에서 먹잇감을 사냥하며 10분 만에 수심 1천 미터의 심해까지 잠수할 수 있어요. 주로 오징어와 문어를 먹는데 주둥이라고 불리는 딱딱한 부분은 소화되지 않아요. 이것이 장에 쌓이면 용연향이라고 하는 고급 향료가 된답니다. 똥인데도 좋은 향기가 나다니 정말로 신기하지 않나요?

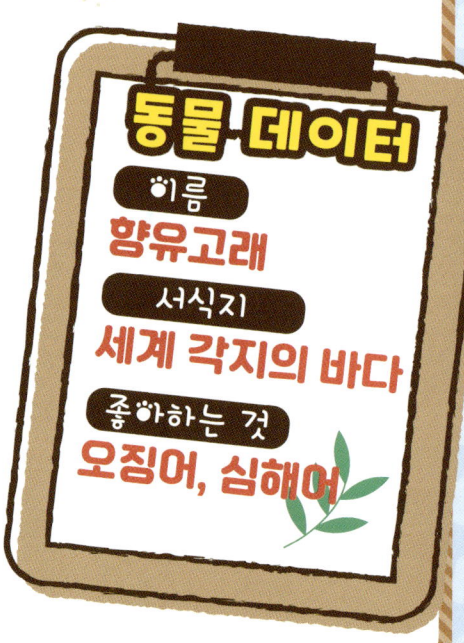

동물 데이터
- 이름: 향유고래
- 서식지: 세계 각지의 바다
- 좋아하는 것: 오징어, 심해어

남아프리카물개의 똥은 무엇일까요?

힌트 1
생선, 오징어, 새우, 게 등 온갖 해산물을 먹어요.

힌트 2
개의 똥과 비슷해서 길이가 긴 것은 30센티미터나 된다고 해요.

다음 세 가지 중에서 골라보세요!

1. 지느러미와 똑같아서 납작하다
2. 갈색이고 막대기 모양을 띤다
3. 생선 모양이다

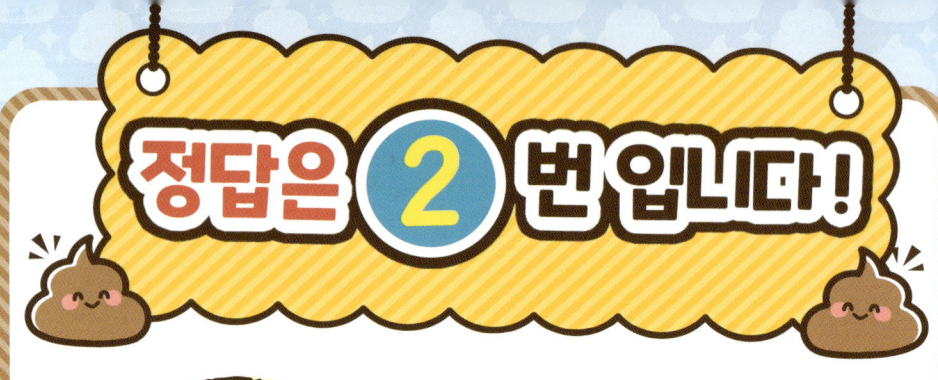

똥의 특징

남아프리카물개의 똥은 갈색과 초콜릿색의 중간색을 띠며 생선 뼈 등이 섞여있어요.

아프리카 남부 연안에 서식하는 남아프리카물개는 물개 중에서 몸이 가장 큽니다. 수컷의 몸길이는 2미터 이상, 몸무게는 300킬로그램을 넘는 것도 있어요. 수영이 특기라서 낮에는 바닷속에 있을 때가 많아요. 사냥이나 똥도 물속에서 해결합니다. 하지만 화장실로 쓰는 곳을 고집하지는 않아서 육지에서 똥을 싸는 경우도 많답니다.

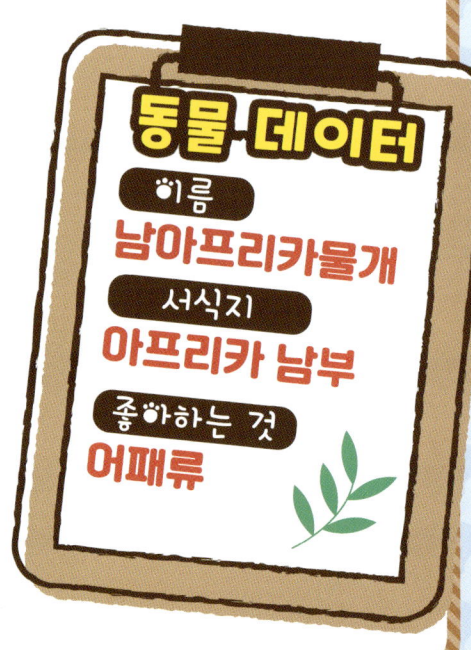

동물 데이터
- **이름**: 남아프리카물개
- **서식지**: 아프리카 남부
- **좋아하는 것**: 어패류

훔볼트펭귄의 똥은 무엇일까요?

힌트 1
똥의 길이는 커봤자 3센티미터이며 하루에 열 번에서 스무 번 정도 똥을 싸요.

힌트 2
인간의 똥과 비교하면 부드럽지만 확실히 단단한 형태입니다.

다음 세 가지 중에서 골라보세요!

1 거무스름하고 길쭉하다

2 줄줄 흐르는 액체 상태다

3 흰색과 검은색이 섞였고 동그랗다

똥의 특징

훔볼트펭귄은 거무스름한 똥을 쌉니다. 소변 성분인 흰색 요산이 붙어 있는 경우도 있어요.

페루에서 칠레 연안부에 서식하는 훔볼트펭귄은 펭귄 중에서도 더위에 강합니다. 일본의 동물원이나 수족관에서도 흔히 볼 수 있는 인기 만점의 동물이에요. 잠수를 잘해서 수심 50미터까지 잠수할 수도 있대요. 조류의 경우 똥과 소변을 같은 구멍으로 동시에 배설하는 특징이 있어요. 훔볼트펭귄도 소변 성분인 요산과 함께 똥을 싼답니다.

동물 데이터

이름
훔볼트펭귄

서식지
페루, 칠레

좋아하는 것
생선, 오징어, 새우

바지락의 똥은 무엇일까요?

힌트 1
바닷속에 떠다니는 해조류나 식물 파편을 먹어요.

힌트 2
바지락의 똥은 끈적끈적한 액체로 뭉쳐 있어요.

다음 세 가지 중에서 골라보세요!

1. 물에 녹아서 보이지 않는다

2. 질척질척하고 새까만 액체 상태다

3. 갈색이고 길쭉한 막대기 모양이다

정답은 ③번입니다!

똥의 특징
바지락은 지름 0.2~0.5 밀리미터의 매우 가늘고 긴 막대기처럼 생긴 똥을 싸요.

일본과 중국, 필리핀 연안부 등에 분포하는 바지락은 입수관과 출수관이라고 하는 관을 갖고 있습니다. 먹이는 바닷물과 함께 입수관을 통해 먹어요. 체내에서 걸러낸 뒤 바닷물을 깨끗하게 만들어 똥과 함께 출수관으로 배출하지요. 한 시간에 바닷물 1리터를 정화한다고 하네요. 이처럼 바지락은 환경 보호에도 도움을 준답니다.

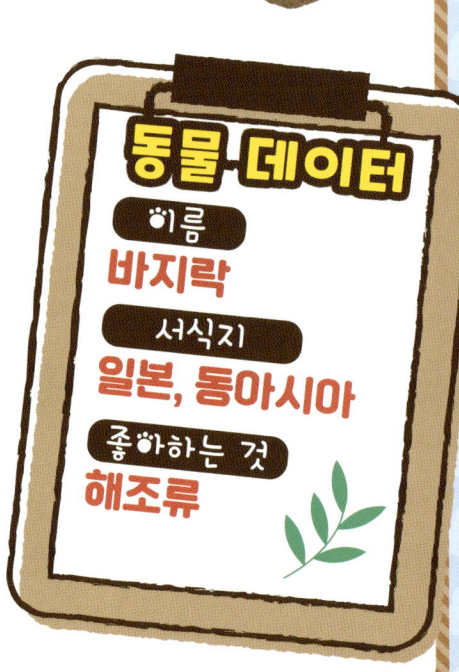

동물 데이터
이름
바지락

서식지
일본, 동아시아

좋아하는 것
해조류

수달의 똥은 무엇일까요?

힌트 1
생선이나 개구리, 게, 새우 외에 작은 동물도 잡아먹는 육식동물이에요.

힌트 2
'고형변'과 '타르변' 이라고 불리는 똥이 있다고 해요.

다음 세 가지 중에서 골라보세요!

1 질척거리는 액체 상태다

2 줄줄 흐르는 묽은 똥이다

3 고형과 묽은 똥 두 종류가 있다

똥의 특징

고형변과 비교하면 타르변이 질척거리는 편이에요.

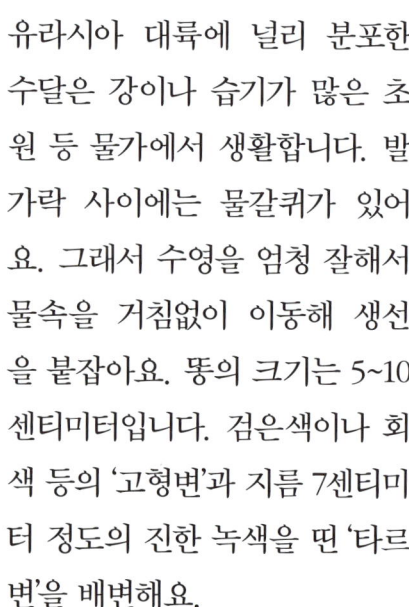

유라시아 대륙에 널리 분포한 수달은 강이나 습기가 많은 초원 등 물가에서 생활합니다. 발가락 사이에는 물갈퀴가 있어요. 그래서 수영을 엄청 잘해서 물속을 거침없이 이동해 생선을 붙잡아요. 똥의 크기는 5~10센티미터입니다. 검은색이나 회색 등의 '고형변'과 지름 7센티미터 정도의 진한 녹색을 띤 '타르변'을 배변해요.

동물 데이터

이름
수달

서식지
아시아, 유럽

좋아하는 것
어패류

은어의 똥은 무엇일까요?

힌트 1
강바닥의 돌에 붙은 조류를 촘촘한 이빨로 뜯어먹어요.

힌트 2
좋아하는 조류는 주로 두 종류예요. 무엇을 먹느냐에 따라 똥의 색이 달라져요.

다음 세 가지 중에서 골라보세요!

1 투명한 액체다

2 검은색이나 갈색이며 길쭉하다

3 가는 실처럼 가느다랗다

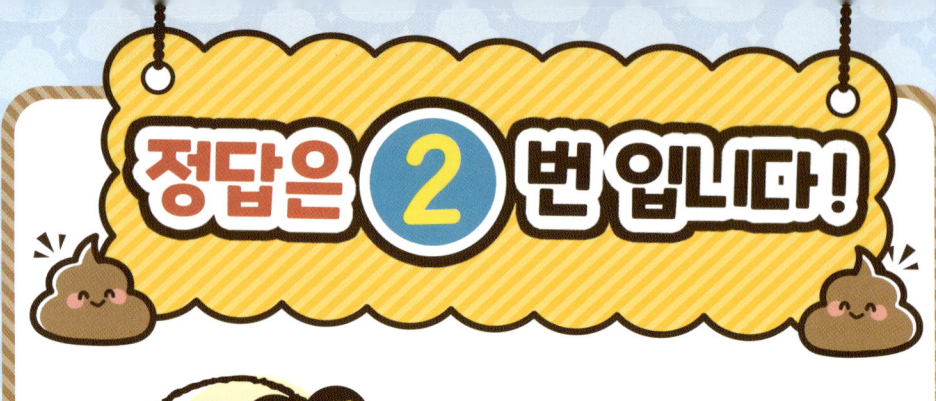

똥의 특징

은어의 똥은 남조류를 먹으면 거무스름해지고 규조류를 먹으면 갈색을 띱니다.

은어는 강에서 부화한 후 바다로 내려가서 어린 시절을 지내다 다시 강으로 거슬러 올라와 성장하는 생선이에요. 다 자란 은어는 조류를 주로 먹습니다. 하루에 자기 몸무게의 15~25퍼센트, 많을 때는 50퍼센트나 되는 조류를 먹지요. 은어의 똥은 작고 먹은 조류의 종류에 따라 색이 달라집니다. 어느 똥이나 강의 좋은 냄새가 난다고 해요.

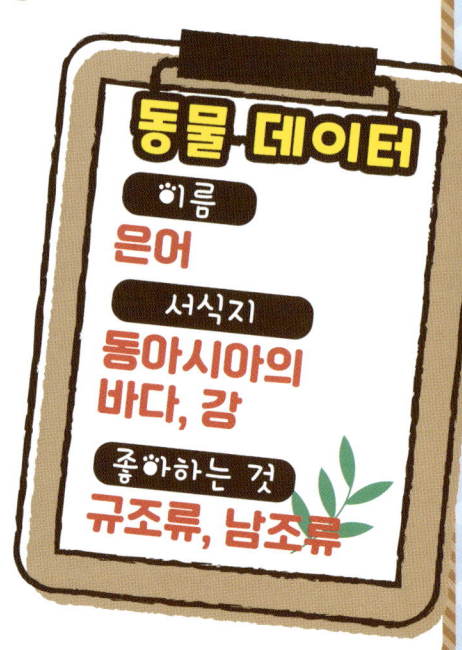

동물 데이터
이름
은어
서식지
동아시아의 바다, 강
좋아하는 것
규조류, 남조류

성게의 똥은 무엇일까요?

힌트 1
다시마와 같은 해조류나 산호, 생선 사체 등 의외로 식욕이 왕성해요.

힌트 2
똥 한 개의 크기는 기껏해야 몇 밀리미터라고 해요.

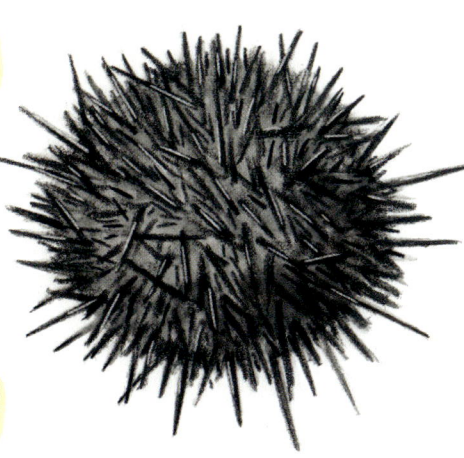

다음 세 가지 중에서 골라보세요!

1 옅은 회색이며 모래 알갱이처럼 자잘한 모양이다

2 까맣고 뾰족뾰족하다

3 녹색이며 동그랗다

성게는 모래 알갱이와 같은 자잘한 똥을 대량으로 쌉니다.

성게는 전 세계의 바다에 서식합니다. 긴 가시 사이로 관족이라고 불리는 발을 쭉 뻗어서 바다 밑을 이동하며 먹이를 찾아요. 성게의 입은 몸 아래쪽에 달려 있고 항문은 위쪽에 있어요. 그래서 똥을 쌀 때는 위쪽에서 주르륵 넘쳐흐르듯이 나오지요. 똥은 회색의 작은 알갱이 모양이라서 모래와 분간할 수 없다고 하네요.

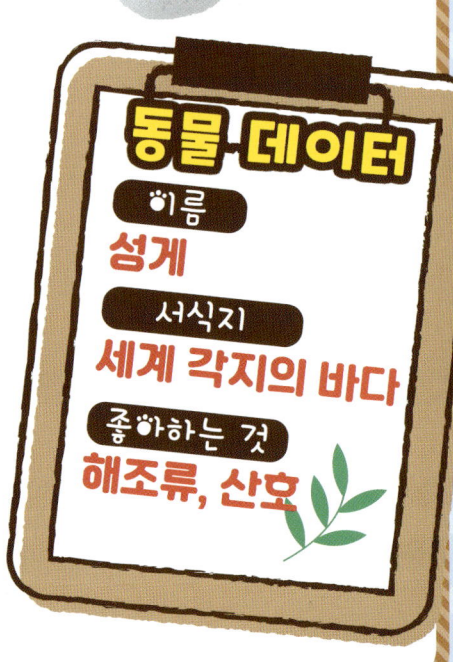

동물 데이터
- 이름: 성게
- 서식지: 세계 각지의 바다
- 좋아하는 것: 해조류, 산호

청개구리의 똥은 무엇일까요?

힌트 1
올챙이 시절에는 잡식성이지만 개구리가 되면 식물은 먹지 않아요.

힌트 2
마지막에 나온 부분이 훨씬 더 가늘어져요. 길이는 몸의 절반 정도랍니다.

다음 세 가지 중에서 골라보세요!

1 녹색이고 올챙이 모양이다

2 거무스름한 로켓 모양이다

3 흰색이고 원반 모양이다

정답은 2번입니다!

똥의 특징

청개구리의 똥은 길이 1~1.5 센티미터 정도입니다. 곤충의 날개나 다리가 섞여 있는 경우도 있어요.

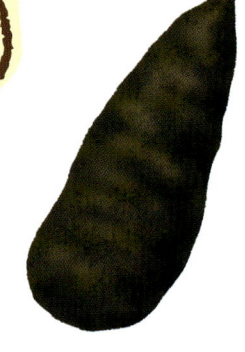

청개구리는 일본이나 중국 동부, 한반도 등에 널리 분포합니다. 올챙이 시절에는 잡식성이고 이빨이 있어요. 하지만 개구리로 성장하면 육식성이고 이빨이 없어지죠. 그래서 씹지 않고 통째로 꿀꺽 삼켜요. 똥은 1~1.5센티미터라서 작게 느껴질 수 있어요. 그렇지만 몸길이가 2~4센티미터라서 실제로는 몸길이의 절반 정도나 되는 똥을 싸는 것이랍니다.

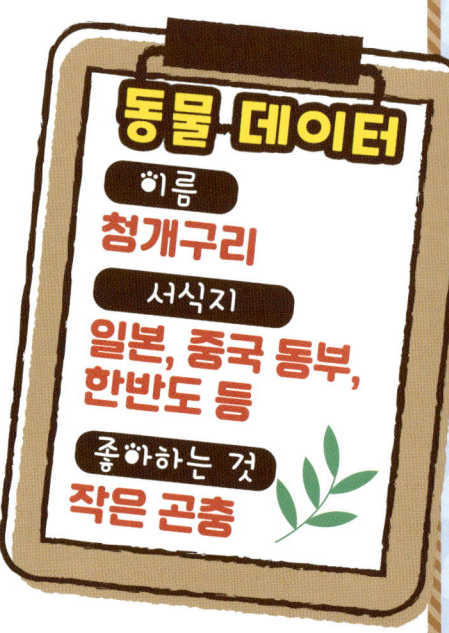

동물 데이터

이름
청개구리

서식지
일본, 중국 동부, 한반도 등

좋아하는 것
작은 곤충

문어의 똥은 무엇일까요?

힌트 1
새우나 게 등의 갑각류를 매우 좋아하며 살만 잘 발라먹어요.

힌트 2
먹은 것은 확실하게 소화하기 때문에 똥의 색이 옅은가 봐요.

다음 세 가지 중에서 골라보세요!

1 먹물처럼 새까만 액체 상태다

2 회색을 띠며 길쭉하다

3 빨갛고 길쭉하다

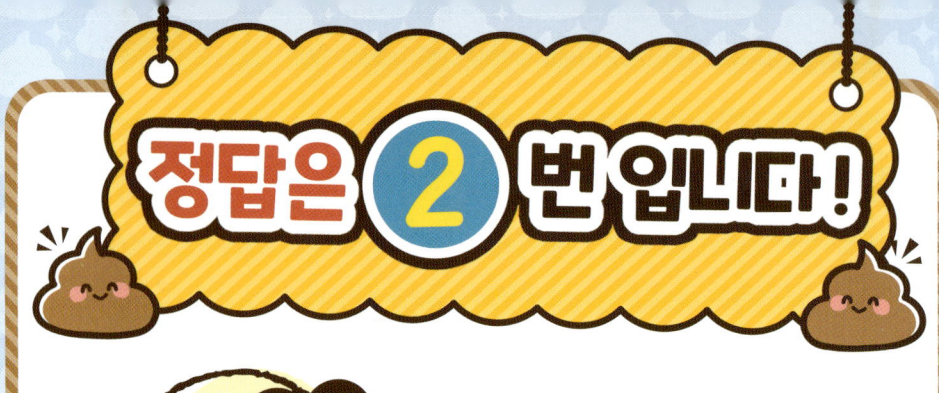

똥의 특징

문어의 똥은 끈처럼 가늘고 길어요. 하지만 부드러워서 군데군데 끊어지죠.

일본에서는 일반적으로 문어라고 할 때는 '낙지'를 지칭하는 경우가 많아요. 낙지는 동아시아의 바다에 널리 분포하지요. 문어의 입은 여덟 개의 다리가 달린 부분의 가운데에 있어요. 튼튼한 주둥이로 먹잇감을 물고 늘어져서 잘게 찢어 먹어요. 항문은 '깔때기(누두)'라고 불리는 배출구가 있는 부분에 있어요. 똥도 이 깔때기에서 나온답니다.

동물 데이터
- 이름: 문어
- 서식지: 동아시아의 바다
- 좋아하는 것: 갑각류, 조개류

하마의 똥은 무엇일까요?

힌트 1
물속에서 지낼 때가 많지만 주로 육지식물을 먹어요.

힌트 2
똥에 수분이 많은 편이지만 설사하는 것은 아닌 듯해요.

다음 세 가지 중에서 골라보세요!

1. 물처럼 줄줄 흐른다

2. 딱딱하고 울퉁불퉁하다

3. 끈끈하고 길쭉하다

정답은 ③번 입니다!

똥의 특징
하마의 똥은 끈끈하며 크기는 5~10센티미터입니다.

중앙아프리카의 물가 등에 서식하는 하마는 사실 성격이 사나워요. 자신의 영역에 침입하면 사자나 악어 등의 육식동물이든 상관없이 집요하게 쫓아다닌답니다. 똥을 쌀 때 꼬리를 좌우로 세차게 흔들어서 주위에 흩뿌리는 행위를 해요. 이것도 영역을 주장하려는 목적이라고 생각할 수 있어요.

동물 데이터
이름
하마
서식지
아프리카 중부
좋아하는 것
풀, 나뭇잎, 뿌리

미국가재의 똥은 무엇일까요?

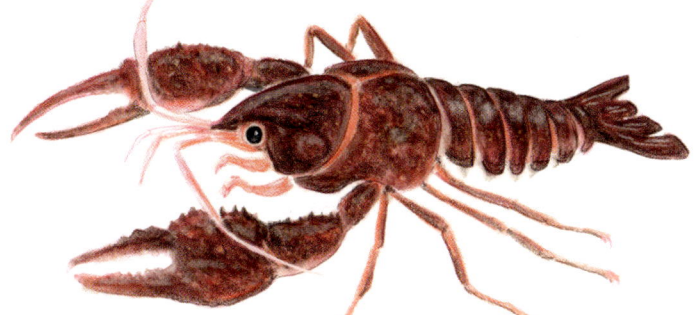

힌트 1
작은 물고기나 곤충, 개구리 알, 수초, 낙엽 등 뭐든지 잘 먹는 잡식성이에요.

힌트 2
어떤 먹이를 많이 먹었느냐에 따라 똥의 색에 차이가 생겨요.

다음 세 가지 중에서 골라보세요!

1 투명한 막으로 뒤덮인 소시지처럼 생겼다

2 빨갛고 동그랗다

3 흰 액체 상태다

똥의 특징

미국가재 똥의 길이는 1~3센티미터이며 가느다란 소시지처럼 생겼어요.

미국가재는 그 이름대로 미국에 서식하던 가재입니다. 하지만 일본에 황소개구리 먹이로 들여왔다가 일본 각지에 분포하게 되었지요. 똥은 먹이에 따라 색이 달라집니다. 거무스름한 똥이 많지만 새우 등을 먹으면 빨간색, 수초를 먹으면 녹색 똥을 싸요.

동물 데이터
- 이름: 미국가재
- 서식지: 미국, 일본 등
- 좋아하는 것: 작은 물고기, 개구리나 생선의 알

붉은다리거북의 똥은 무엇일까요?

힌트 1
잡식성이지만 식물을 먹는 경우가 많습니다. 가장 좋아하는 것은 과일이에요.

힌트 2
습기 찬 장소에서 생활하는 땅거북의 똥은 조금 부드러워요.

다음 세 가지 중에서 골라보세요!

1 빨간색을 띠며 동그랗다

2 녹색이고 질척질척하다

3 녹색이고 길쭉하다

똥의 특징

붉은다리거북의 똥은 칙칙한 녹색입니다. 굵기는 1센티미터 정도이며 길이는 2~6센티미터예요.

붉은다리거북은 중앙아메리카에서 남아메리카에 걸친 열대 삼림에서 생활합니다. 등딱지의 길이는 30~50센티미터예요. 나이프처럼 날카로운 주둥이 끝을 사용해서 쥐 등 작은 동물의 사체를 먹을 때도 있어요. 거북은 행동이 느린 것으로 유명한데 똥을 쌀 때도 천천히 싸요. 여러 번 힘을 줘서 조금씩 똥을 싼답니다.

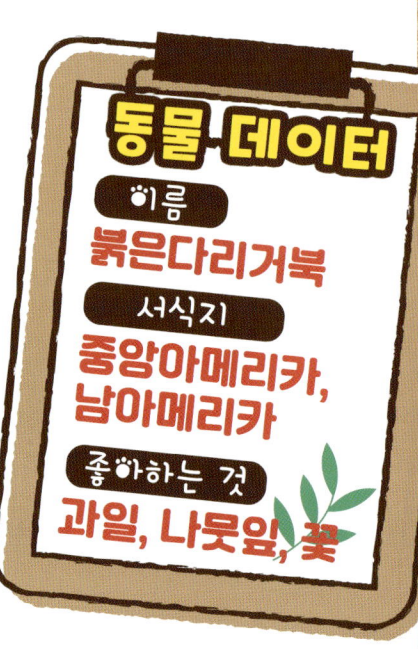

동물 데이터
- 이름: 붉은다리거북
- 서식지: 중앙아메리카, 남아메리카
- 좋아하는 것: 과일, 나뭇잎, 꽃

 똥에 대하여

좋은 똥을 싸려면 어떻게 해야 하나요?

건강한 사람의 똥은 너무 까맣거나 노랗지도 않은 평범한 갈색입니다. 또 너무 딱딱하거나 무르지도 않아서 억지로 힘을 주지 않아도 항문을 통해 쑥 빠져나오죠. 이런 기분 좋은 건강한 똥을 날마다 싸려면 어떤 생활을 하도록 주의해야 할까요?

일단 식사에 신경 써야 합니다. 가장 좋아하는 음식이라고 해서 고기만 먹으면 안 돼요. 채소도 골고루 먹어서 균형 잡힌 식사를 하는 것이 중요해요. 또 요거트는 장의 상태를 조절하는 유익균이 풍부하게 들어 있어요. 그러니 딱딱한 똥이 자꾸 나올 때는 요거트를 먹어볼 것을 추천합니다.

일상생활에서는 운동 부족과 수면 부족에 주의해야 합니다. 둘 다 변비에 걸리는 원인이니까 밖에 나가 활기차게 뛰어놀며 밤 늦게까지 놀지 말고 일찍 잠자리에 듭시다. 몸을 차갑게 하면 장의 기능이 나빠지니 여름철에도 배에 이불을 덮고 자도록 하세요. 잠자리에 들기 전에 뜨거운 물에 몸을 담그는 것도 효과적이랍니다.

또한 똥을 너무 참는 것도 몸에 좋지 않아요. 살아 있는 사람은 누구나 똥을 쌉니다. 똥을 싸는 것은 아주 당연한 행위예요. 만약에 학교에서 똥이 마려워지면 부끄러워하지 말고 화장실로 가세요.

기니피그의 똥은 무엇일까요?

힌트 1
초식동물이며 주식은 꼴과 들풀입니다. 그밖에는 채소와 과일도 먹어요.

힌트 2
암컷과 수컷을 겉모습으로 분간하기 어려워요. 하지만 똥을 보면…?

다음 세 가지 중에서 골라보세요!

1 질척질척한 액체 상태다

2 초코볼처럼 둥근 모양이다

3 수컷은 바나나 모양, 암컷은 통 모양이다

정답은 ③번입니다!

똥의 특징

기니피그 똥의 크기는 암수 모두 2센티미터 정도예요. 색은 진녹색을 띱니다.

남아메리카의 높은 지대에 서식하는 기니피그는 몸길이 20~35센티미터, 몸무게 500~1,000그램의 쥐입니다. 암수에 따라 똥 모양이 달라요. 수컷은 조금 곡선을 띤 바나나 모양이고 암컷은 둥근 원통 모양을 띱니다. 또한 토끼와 마찬가지로 영양분이 듬뿍 들어 있는 맹장변(식변)을 쌉니다. 이 똥을 직접 먹을 때도 있어요.

동물 데이터
- 이름: 기니피그
- 서식지: 남아메리카
- 좋아하는 것: 풀

공벌레의 똥은 무엇일까요?

힌트 1
주식은 낙엽이지만 칼슘을 보충하기 위해서 콘크리트도 먹어요.

힌트 2
만지면 몸을 둥글게 마는 것으로 유명하지만 똥은 둥글지 않을 수도 있어요!

다음 세 가지 중에서 골라보세요!

1 갈색을 띠며 직사각형이다

2 완자처럼 생겼으며 까맣고 동그랗다

3 흰색 알갱이들이 모여 있다

똥의 특징

공벌레는 보기 드물게 직사각형의 똥을 쌉니다. 수분이 적은 탓에 만지면 쉽게 부서져요.

공벌레는 일반적으로 '콩벌레'라고 불리기도 합니다. 세계 각지에 분포하며 집의 정원이나 밭 등에 서식하지요. 자극을 받으면 몸을 둥글게 말아 보호하는 습성이 있어요. 직사각형의 똥을 싸는 것도 놀랍지만 항문으로 물을 마신다고 하니 더욱더 놀랍지 않나요? 먹이는 입으로 먹는데 참으로 신기하네요.

동물 데이터
- 이름: 공벌레
- 서식지: 세계 각지
- 좋아하는 것: 낙엽

말의 똥은 무엇일까요?

힌트 1
꼴(목초)을 주로 먹지만 당근이나 과일도 매우 좋아해요.

힌트 2
초식동물이라서 다 소화되지 않은 풀이 똥에 섞여 있을 수도 있어요!

다음 세 가지 중에서 골라보세요!

1 갈색을 띠며 진흙처럼 생겼다

2 까맣고 윤기가 나며 섬유질이 많다

3 녹색이고 길쭉하다

똥의 특징
말은 하루에 열 번 이상 똥을 쌉니다. 한 번에 지름 5~10센티미터의 똥을 20~30알씩 싸요.

머리가 좋고 성격이 온순한 말은 짐이나 사람을 운반하는 파트너로 예로부터 세계 각지에서 인간과 함께 생활해왔어요. 또한 섬유질을 풍부하게 함유한 똥도 효율적으로 활용되어 퇴비(비료)로 밭에 뿌린답니다. 그밖에도 말고기나 말기름에는 해열 효과가 있다고 해서 관절 등을 접질렸을 때 찜질용으로 붙이는 경우도 있어요.

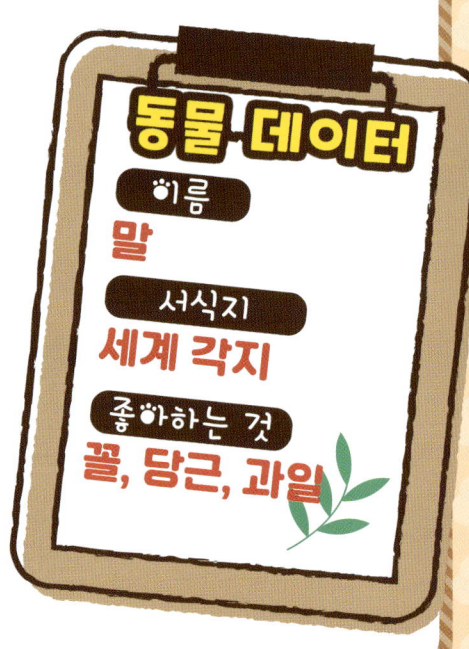

동물 데이터
이름
말

서식지
세계 각지

좋아하는 것
꿀, 당근, 과일

사랑앵무의 똥은 무엇일까요?

힌트 1
식물의 씨앗 중에서도 풀씨를 매우 좋아해요. 부리로 쪼개서 먹어요.

힌트 2
새는 똥을 모아두지 못하므로 똥과 소변을 함께 싸요.

다음 세 가지 중에서 골라보세요!

1 폭신폭신하고 둥근 모양이다

2 부드럽고 소변이 섞여 있다

3 딱딱한 육각기둥 모양이다

정답은 2번 입니다!

똥의 특징

사랑앵무는 짙은 녹색을 띤 부드러운 똥을 쌉니다. 소변 성분인 흰색 요산이 섞여 있어요.

말하기가 특기이며 애완동물로도 인기 있는 사랑앵무는 원래 호주의 새입니다. 깃털의 색은 노란색, 녹색, 파란색 등 다양하지만 똥의 색은 의외로 평범해요. 흰색 요산을 함께 배출한답니다. 야생 개체는 식물의 씨앗을 먹어서 똥의 색이 녹색을 띱니다. 하지만 애완용 먹이를 먹으면 갈색을 띠게 되지요.

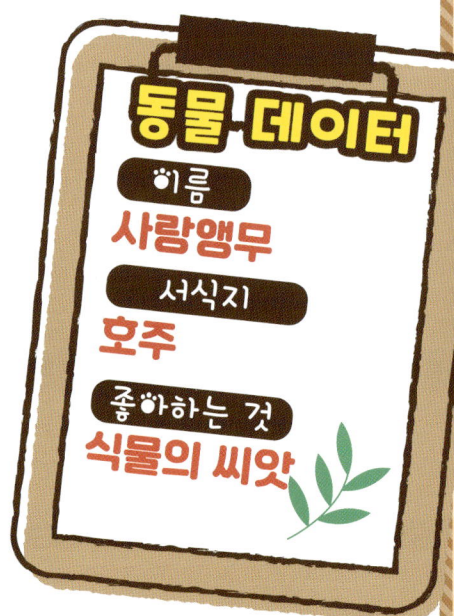

동물 데이터
- **이름**: 사랑앵무
- **서식지**: 호주
- **좋아하는 것**: 식물의 씨앗

달팽이의 똥은 무엇일까요?

힌트 1
주식은 식물이나 마른 잎이에요. 당근, 시금치 등의 채소도 먹어요.

힌트 2
먹이의 색소를 소화하지 못한대요.

다음 세 가지 중에서 골라보세요!

1 녹색이고 똬리를 틀고 있다

2 까만 알갱이들이 모여 있다

3 먹은 것에 따라서 색이 달라져서 똥의 색이 다채롭다

똥의 특징

달팽이는 당근을 먹으면 오렌지색, 무를 먹으면 흰색 똥을 싸요!

세계 각지에 널리 분포되어 있는 달팽이는 대부분이 건조한 곳에 약해서 습도가 높은 곳을 선호해요. 일본에서는 명주달팽이나 아시아 트램이라고 불리는 달팽이를 흔히 볼 수 있습니다. 여러 가지 식물을 먹지만 색소를 소화하지 못해요. 똥의 색이 먹은 것의 색과 똑같아진다니 재미있지 않나요?

동물·데이터
- 이름: 달팽이
- 서식지: 세계 각지
- 좋아하는 것: 식물, 마른 잎

까마귀의 똥은 무엇일까요?

힌트 1
곤충이나 쥐와 같은 작은 동물, 식물의 씨앗 등을 먹는 잡식동물이에요.

힌트 2
까마귀도 앵무새나 비둘기와 똑같은 조류이므로 똥도 비슷해요.

다음 세 가지 중에서 골라보세요!

1 흰색 소변에 까만 똥이 섞여 있다

2 까만 액체 상태다

3 하얗고 길쭉한 똥이다

정답은 ① 번입니다!

똥의 특징
까마귀는 3~5센티미터의 거무스름한 색의 똥을 쌉니다. 냄새는 먹이에 따라 달라져요.

일본에 서식하는 까마귀는 여섯 종류가 있어요. 길거리에서 흔히 볼 수 있는 것은 부리가 굵은 큰부리까마귀입니다. 여러 가지를 먹는 먹보이며 사람이 먹는 과자 등 정크 푸드도 엄청 좋아해요. 그래서 음식물 쓰레기를 찾아 헤매는 경우가 많은 것이죠. 높은 곳에서 똥을 싸므로 땅바닥에 떨어졌을 때의 충격 때문에 사방으로 튈 때가 많아요.

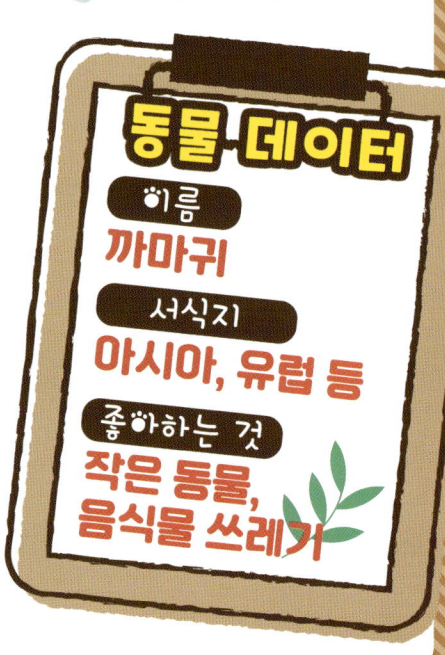

동물 데이터
이름
까마귀

서식지
아시아, 유럽 등

좋아하는 것
작은 동물, 음식물 쓰레기

장수풍뎅이의 똥은 무엇일까요?

힌트 1
나뭇진을 주로 먹지만 썩기 시작한 과일즙도 핥아먹을 때가 있어요.

힌트 2
액체만 먹으며 고형의 먹이는 전혀 먹지 않아요.

다음 세 가지 중에서 골라보세요!

1 소변처럼 액체 상태다

2 쌀알처럼 둥근 모양이다

3 길쭉한 막대기 모양이다

똥의 특징

장수풍뎅이는 액체만 먹기 때문에 똥도 액체 상태랍니다. 색은 투명하거나 흰색인 경우가 많아요.

장수풍뎅이는 일본을 포함한 동아시아의 삼림지대에 서식합니다. 커다란 뿔로 적을 내던져서 곤충의 왕이라고 불리기도 하지요. 애벌레 시절에는 부엽토라고 하는 썩은 낙엽을 먹지만 성충은 나뭇진 등 액체만 먹어요. 그래서 똥도 액체 상태입니다. 나무를 꽉 잡은 상태로 뒷다리만 벌려서 소변과 함께 똥을 싼답니다.

동물 데이터
- 이름: 장수풍뎅이
- 서식지: 동아시아
- 좋아하는 것: 나뭇진

호랑나비(애벌레)의 똥은 무엇일까요?

힌트 1
감귤과의 나뭇잎에 낳은 알에서 태어나 그 잎을 먹어요.

힌트 2
강한 턱으로 잎사귀를 와작와작 잘게 씹어 먹어서 성장합니다.

다음 세 가지 중에서 골라보세요!

1. 대리석 색이며 둥근 모양이다

2. 녹색이고 한가운데가 움푹 들어간 모양이다

3. 까맣고 길쭉하다

똥의 특징

호랑나비(애벌레)는 잎사귀를 뭉쳐서 둥글게 만든 모양의 녹색 똥을 쌉니다.

호랑나비는 남극대륙을 제외한 모든 대륙에 분포해요. 알을 낳는 장소는 감귤과의 나뭇잎입니다. 거기서 태어난 애벌레는 감귤과의 나뭇잎만 먹어요. 그래서 똥도 감귤과 특유의 산뜻한 냄새가 난다고 하네요. 성충이 되면 꽃의 꿀만 빨아먹어서 소변처럼 액체 상태의 똥을 쌉니다.

동물 데이터

이름
호랑나비(애벌레)

서식지
남극대륙을 제외한 지역

좋아하는 것
감귤과의 나뭇잎

지렁이의 똥은 무엇일까요?

힌트 1
마른 잎사귀나 미생물 등을 흙과 함께 먹어요.

힌트 2
함께 먹은 흙은 소화, 흡수하지 않고 똥으로 배출해요.

다음 세 가지 중에서 골라보세요!

1 작은 완자 모양처럼 생겼다

2 모래처럼 푸슬푸슬하다

3 진흙처럼 끈적끈적한 액체 상태다

똥의 특징

지령이의 똥은 몇 밀리미터 안 되는 작은 완자 모양이에요. 공기를 함유해서 부드럽답니다.

흙 속에서 생활하는 지렁이는 땅바닥을 파서 이동합니다. 흙과 함께 마른 잎이나 미생물을 먹어요. 먹은 흙은 몸속에서 잘게 부서져 소화액 등과 함께 똥으로 배출됩니다. 이 똥은 '새로운 흙'이 되는데 식물이 자라기 위한 영양분도 풍부해요. 그래서 지렁이가 많이 사는 밭에서는 채소가 잘 자란다고 해요.

동물 데이터
- 이름: 지렁이
- 서식지: 세계 각지
- 좋아하는 것: 마른 잎, 미생물

일본줄무늬뱀의 똥은 무엇일까요?

힌트 1
개구리, 도마뱀, 작은 새 외에 작은 포유류도 잡아먹는 육식동물이에요.

힌트 2
다른 육식동물의 똥과 비슷한 색을 띠는 듯해요.

다음 세 가지 중에서 골라보세요!

1 까맣고 동그랗다

2 갈색을 띠며 길쭉하다

3 녹색이고 질척질척한 액체 상태다

똥의 특징

일본줄무늬뱀은 길이 5밀리미터, 굵기 1~1.5밀리미터 정도의 가늘고 긴 똥을 쌉니다.

일본줄무늬뱀은 일본 각지의 하천 부지나 초원 등에 널리 분포해요. 턱을 크게 벌릴 수 있어서 먹이는 전부 통째로 삼킨답니다. 그 대신 강력한 소화액이 분비되기 때문에 먹은 동물의 뼈도 녹여버리죠. 한 번 식사하면 2~3일 후에 똥을 싸기 시작해요. 그때부터 5일 정도에 걸쳐 날마다 조금씩 똥을 쌉니다.

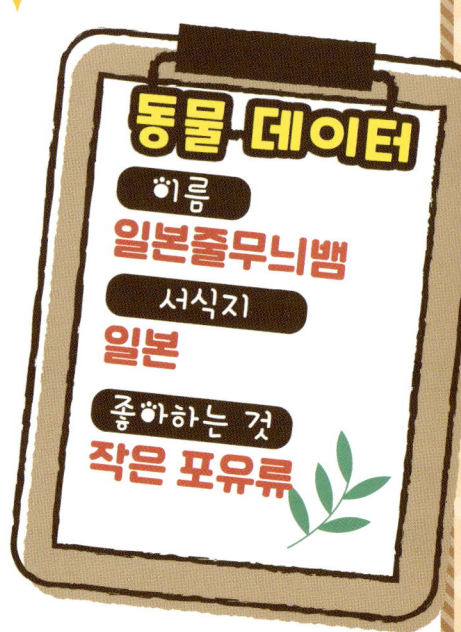

동물 데이터
- 이름: 일본줄무늬뱀
- 서식지: 일본
- 좋아하는 것: 작은 포유류

사마귀의 똥은 무엇일까요?

힌트 1
곤충, 개구리, 도마뱀, 지렁이 등을 먹는 육식 곤충이에요.

힌트 2
먹은 것에 따라 똥의 색이 달라지지만 일반적인 색이 많다고 하네요.

다음 세 가지 중에서 골라보세요!

1. 까맣고 길쭉하다

2. 팥 모양처럼 동글동글하다

3. 회색이고 길쭉하다

정답은 2번 입니다!

똥의 특징

사마귀는 4~5밀리미터 정도의 물기가 없는 동글동글한 똥을 싸요.

사마귀는 낫처럼 큰 앞다리가 특징이에요. 일본에서는 몸길이 70~90밀리미터 정도의 왕사마귀와 참사마귀를 볼 수 있지요. 강력하게 발달한 앞다리로 잽싸게 먹잇감을 붙잡습니다. 튼튼한 턱으로 도마뱀이나 개구리를 물어뜯어 먹어요. 똥을 쌀 때는 똥이 날개에 묻지 않도록 배를 구부린답니다.

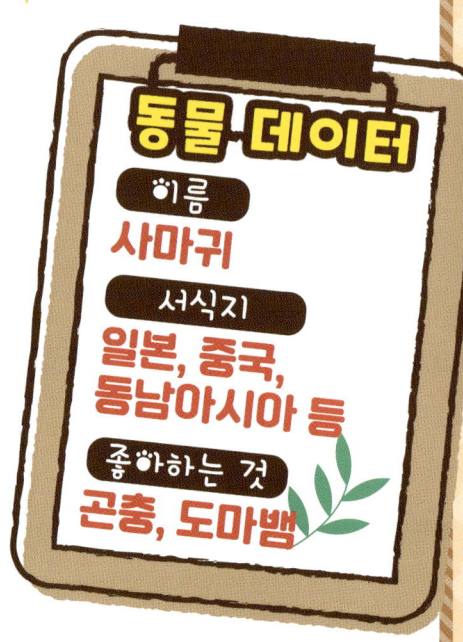

동물 데이터

- 이름: 사마귀
- 서식지: 일본, 중국, 동남아시아 등
- 좋아하는 것: 곤충, 도마뱀

장수말벌의 똥은 무엇일까요?

힌트 1
주식은 나뭇진이나 꽃의 꿀이에요. 애벌레가 배출하는 영양분이 듬뿍 들어 있는 액을 먹을 때도 있어요.

힌트 2
식도가 가늘어서 고형의 먹이는 먹을 수 없어요.

다음 세 가지 중에서 골라보세요!

1 길쭉하며 노란색과 검은색의 줄무늬를 띤다

2 갈색이며 원통 모양이다

3 소변처럼 액체 상태다

똥의 특징

장수말벌은 액체만 섭취하기 때문에 똥도 고형이 아니라 액체랍니다.

장수말벌은 일본 각지에 분포하며 나무 밑동이나 땅속 등에 둥지를 만든 경우가 많아요. 다른 벌이나 곤충을 습격하는데 자신이 먹으려고 하는 것은 아니에요. 튼튼한 턱으로 물어뜯어서 작은 완자 모양으로 만든 뒤 둥지로 돌아와 애벌레에게 준답니다. 그래서 성충은 액체 상태의 똥을 싸지만 애벌레는 갈색을 띤 단단한 똥을 싸요.

동물 데이터
- 이름: 장수말벌
- 서식지: 일본
- 좋아하는 것: 나뭇진, 꽃의 꿀

무당거미의 똥은 무엇일까요?

힌트 1
붙잡은 곤충을 소화액으로 녹여서 흐물흐물하게 만든 뒤에 먹어요.

힌트 2
조금 소화하지 못한 것이 똥에 섞여 나온다고 해요.

다음 세 가지 중에서 골라보세요!

1 흰색 액체와 참깨처럼 생긴 똥이다

2 거미 다리처럼 가늘고 긴 똥이다

3 질척한 액체 상태다

똥의 특징

소변처럼 흰색을 띤 액체와 함께 까만 알갱이 모양의 똥을 싸요.

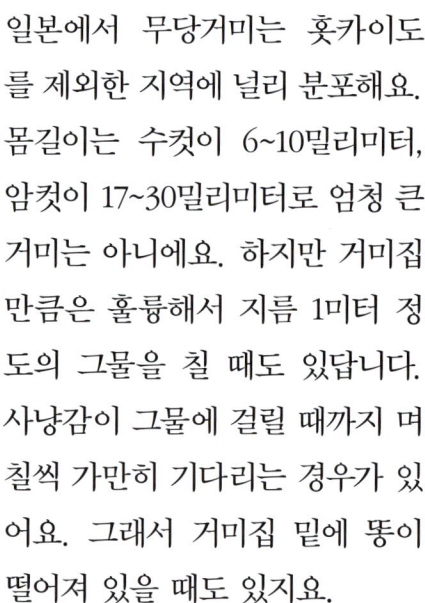

일본에서 무당거미는 홋카이도를 제외한 지역에 널리 분포해요. 몸길이는 수컷이 6~10밀리미터, 암컷이 17~30밀리미터로 엄청 큰 거미는 아니에요. 하지만 거미집만큼은 훌륭해서 지름 1미터 정도의 그물을 칠 때도 있답니다. 사냥감이 그물에 걸릴 때까지 며칠씩 가만히 기다리는 경우가 있어요. 그래서 거미집 밑에 똥이 떨어져 있을 때도 있지요.

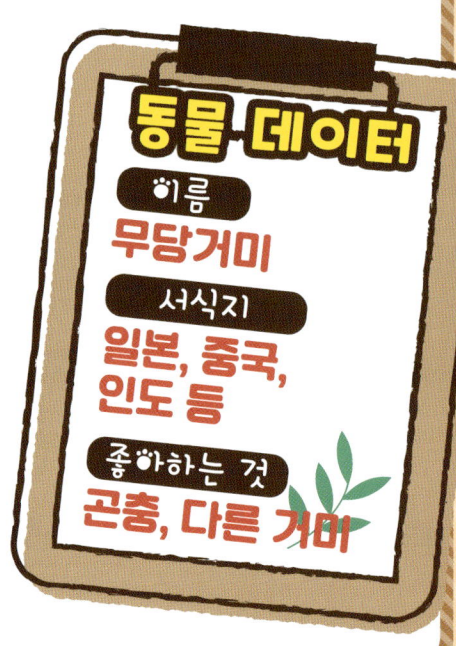

동물 데이터
- 이름: 무당거미
- 서식지: 일본, 중국, 인도 등
- 좋아하는 것: 곤충, 다른 거미

집비둘기의 똥은 무엇일까요?

힌트 1
주식은 식물의 씨앗이나 곡류입니다. 시가지에서는 사람이 먹다 남긴 음식도 먹어요.

힌트 2
다른 조류와 마찬가지로 똥과 소변을 함께 싸요.

다음 세 가지 중에서 골라보세요!

1. 흰색과 검은색이 섞여 있으며 질척거린다
2. 녹색이며 길쭉하다
3. 까맣고 쌀알처럼 작다

똥의 특징

집비둘기의 똥의 경우 까만 똥에 소변 성분을 굳힌 흰색 요산이 섞여 있어요.

집비둘기는 일본을 포함한 아시아에서 유럽까지 세계적으로 널리 분포합니다. 장소를 잘 기억해서 1천 킬로미터나 떨어진 곳에서도 헤매지 않고 집에 돌아올 수 있어요. 하늘을 나는 새는 조금이라도 몸을 가볍게 유지해야 해요. 그래서 똥이나 소변도 몸속에 모아두지 않고 먹은 즉시 배출한답니다.

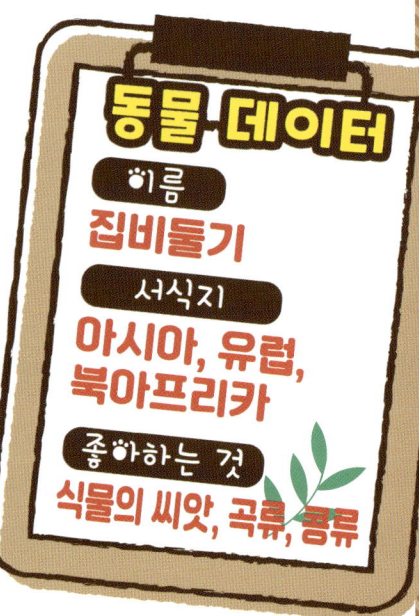

동물 데이터

- 이름: 집비둘기
- 서식지: 아시아, 유럽, 북아프리카
- 좋아하는 것: 식물의 씨앗, 곡류, 콩류

소의 똥은 무엇일까요?

힌트 1
꼴(목초)을 주로 먹지만 소화에 시간이 걸려서 소화액을 대량으로 분비해요.

힌트 2
시간을 들여서 소화하기 때문에 먹은 것의 형태가 거의 남아 있지 않아요.

다음 세 가지 중에서 골라보세요!

1 가늘고 긴 섬유질이다

2 수분이 많아서 질척질척하다

3 동그랗고 야구공만 한 크기다

똥의 특징

소의 똥은 80~90퍼센트가 수분이에요. 땅바닥에 떨어지면 지름 25센티미터 정도의 원형으로 퍼진답니다.

소는 세계 각지에 분포하며 일본에서는 얼룩무늬의 홀스타인이 유명해요. 꼴(목초)을 하루에 약 25킬로그램이나 먹는데 똥의 양은 무려 45킬로그램이나 된답니다. 똥의 양이 먹는 양보다 더 많은 이유는 무엇일까요? 소의 위 속에는 엄청 많은 미생물이 살고 있기 때문이에요. 날마다 미생물이 태어나고 죽어서 그 사체가 똥에 포함되어 있는 것이죠.

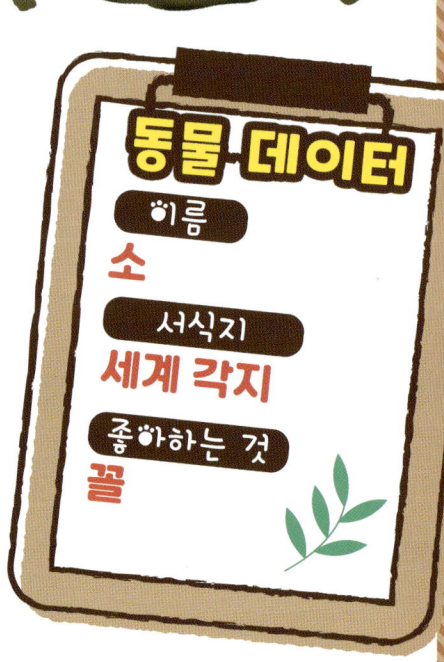

동물 데이터

이름
소

서식지
세계 각지

좋아하는 것
꼴

똥 칼럼

똥 냄새를 비교해보자

똥이라고 하면 다 냄새가 심하다고 생각하지 않나요?
사실 동물에 따라 냄새가 다르답니다.

DOBUTSU NO UNKO QUIZ
© FUTABASHA 2019
All rights reserved.
First published in Japan in 2019 by Futabasha Publishers Ltd., Tokyo.
Korean translation rights arranged with Futabasha Publishers Ltd. through Danny Hong Agency.
Korean translation rights © 2020 by Saenggakuijip

이 책의 한국어판 저작권은 대니홍 에이전시를 통한 저작권사와의 독점 계약으로 생각의집에 있습니다. 저작권법에 의해 한국 내에서 보호를 받는 저작물이므로 무단전재와 복제를 금합니다.

개성만점 동물 똥 퀴즈

초판 1쇄 발행 2020년 10월 20일
감수 이마이즈미 다다아키(今泉忠明)
옮긴이 김한나
펴낸이 권영주
펴낸곳 생각의집
디자인 design mari
출판등록번호 제 396-2012-000215호
주소 경기도 고양시 일산서구 후곡로 60, 302-901
전화 070·7524·6122
팩스 0505·330·6133
이메일 jip2013@naver.com
ISBN 979-11-85653-73-0 (73490)
CIP 2020039575

품명 어린이 도서		**제조년월** 2020년 10월	
사용연령 4세 이상		**제조자명** 생각의집	
제조국 대한민국		**연락처** 070-7524-6122	
주소 경기도 고양시 일산서구 후곡로 60, 302-901			
주의사항 종이에 베이거나 긁히지 않도록 주의하세요.			
KC마크는 이 제품이 공통안전기준에 적합하였음을 뜻합니다.			